Philipp Hummel

Familieneigentum und organisatorische Adaption an diskontinuierlichen Wandel: Auswahl einer geeigneten Industrie für ein Forschungsprojekt

Bachelor + Master
Publishing

Hummel, Philipp: Familieneigentum und organisatorische Adaption an diskontinuierlichen Wandel: Auswahl einer geeigneten Industrie für ein Forschungsprojekt, Hamburg, Diplomica Verlag GmbH 2011
Originaltitel der Abschlussarbeit: Familieneigentum und organisatorische Adaption an diskontinuierlichen Wandel: Auswahl einer geeigneten
Industrie für eine großzahlige, quantitative Analyse

ISBN: 978-3-86341-094-0
Druck: Bachelor + Master Publishing, ein Imprint der Diplomica® Verlag GmbH, Hamburg, 2011
Zugl. Friedrich-Alexander-Universität Erlangen-Nürnberg, Erlangen, Deutschland, Bachelorarbeit, 2010

Bibliografische Information der Deutschen Nationalbibliothek:
Die Deutsche Nationalbibliothek verzeichnet diese Publikation in der Deutschen Nationalbibliografie;
detaillierte bibliografische Daten sind im Internet über http://dnb.d-nb.de abrufbar.

Die digitale Ausgabe (eBook-Ausgabe) dieses Titels trägt die ISBN 978-3-86341-594-5 und kann über den Handel oder den Verlag bezogen werden.

Dieses Werk ist urheberrechtlich geschützt. Die dadurch begründeten Rechte, insbesondere die der Übersetzung, des Nachdrucks, des Vortrags, der Entnahme von Abbildungen und Tabellen, der Funksendung, der Mikroverfilmung oder der Vervielfältigung auf anderen Wegen und der Speicherung in Datenverarbeitungsanlagen, bleiben, auch bei nur auszugsweiser Verwertung, vorbehalten. Eine Vervielfältigung dieses Werkes oder von Teilen dieses Werkes ist auch im Einzelfall nur in den Grenzen der gesetzlichen Bestimmungen des Urheberrechtsgesetzes der Bundesrepublik Deutschland in der jeweils geltenden Fassung zulässig. Sie ist grundsätzlich vergütungspflichtig. Zuwiderhandlungen unterliegen den Strafbestimmungen des Urheberrechtes.

Die Wiedergabe von Gebrauchsnamen, Handelsnamen, Warenbezeichnungen usw. in diesem Werk berechtigt auch ohne besondere Kennzeichnung nicht zu der Annahme, dass solche Namen im Sinne der Warenzeichen- und Markenschutz-Gesetzgebung als frei zu betrachten wären und daher von jedermann benutzt werden dürften.

Die Informationen in diesem Werk wurden mit Sorgfalt erarbeitet. Dennoch können Fehler nicht vollständig ausgeschlossen werden, und die Diplomarbeiten Agentur, die Autoren oder Übersetzer übernehmen keine juristische Verantwortung oder irgendeine Haftung für evtl. verbliebene fehlerhafte Angaben und deren Folgen.

© Bachelor + Master Publishing, ein Imprint der Diplomica® Verlag GmbH
http://www.diplom.de, Hamburg 2011
Printed in Germany

Abstract

Organisatorische Anpassungsfähigkeit an diskontinuierlichen Wandel findet in der Wissenschaft viel Beachtung, wohingegen die Frage nach dem Einfluss von Familieneigentum hierauf bisher eine Forschungslücke darstellt. Dennoch ist diese Forschungsfrage aufgrund der weltweit großen Bedeutung von Familienunternehmen sehr relevant. Deshalb wird dieser mögliche Zusammenhang derzeit in einem Forschungsprojekt der Friedrich-Alexander-Universität Erlangen-Nürnberg untersucht.

Wichtiger Bestandteil dieses Forschungsprojektes ist eine großzahlige, quantitative Analyse. Ziel meiner Arbeit ist es, hierfür ein geeignetes Untersuchungsobjekt vorzuschlagen. Aufgrund der Evaluierung von 51 Industrien, empfehle ich die Bankenbranche. Hier soll die disruptive Innovation „Direktbank" Mitte der 1990er Jahre in Deutschland betrachtet werden. Zudem kann die Krise 2007 als Vergleich – mit ihren bisher aufgetretenen Auswirkungen – ohne großen Mehraufwand herangezogen werden. Die Bankenbranche eignet sich aufgrund mehrerer Kriterien besonders gut für die Analyse. Ausschlaggebend ist die gute Datenzugänglichkeit, da Banken in Deutschland ihre Jahresabschlüsse veröffentlichen müssen. Zudem agieren in dieser Branche ausreichend Firmen, genügend Banken sind in Familienbesitz, im Markt herrscht kein Ungleichgewicht und die Bankenbranche ist in einigen wissenschaftlichen Arbeiten (z.B. Neuberger (1997)) bereits untersucht worden. Ziel der Analyse ist, nicht nur theoretische Ergebnisse zu liefern, sondern auch Handlungsempfehlungen für angestammte Unternehmen auszusprechen. Somit sind die Ergebnisse, sowohl der Forschungsarbeit, als auch indirekt dieser Arbeit, von theoretischer und praktischer Relevanz.

Inhaltsverzeichnis

Abstract V

Abkürzungsverzeichnis VIII

Abbildungsverzeichnis IX

1 Einleitung 2
   1.1 Ausgangssituation und Problemstellung 2
   1.2 Fragestellung und Zielsetzung 3
      1.2.1 Gesamtprojekt 3
      1.2.2 Bachelorarbeit 4

2 Theoretische Grundlagen und Definitionen 6
   2.1 Technologische Diskontinuitäten 6
   2.2 Organisatorische Anpassungsfähigkeit 8
   2.3 Familienunternehmen 9

3 Methodik und Vorgehen 10
   3.1 Methodik der Branchenauswahl 10
   3.2 Vorgehen 13
      3.2.1 Filterprozess und verwendete Quellen 14
      3.2.2 Angewandte Kriterien 16

4 Ergebnis 24
   4.1 Empfehlung 24
   4.2 Beschreibung der Industrien 26
      4.2.1 Bankenbranche 26
      4.2.2 Pharma 32
      4.2.3 Discount-Einzelhändler: 33
      4.2.4 Automobilzulieferer 34

5 Ausblick 36
   5.1 Mögliche Herausforderungen 36
   5.2 Vorgeschlagene nächste Schritte 37

Anhang VI

Quellenverzeichnis XIX
   Literaturverzeichnis XIX
   Verzeichnis der Internetquellen XXIII

Abkürzungsverzeichnis

AG	Aktiengesellschaft
AMJ	Academy of Management Journal
ASQ	Administrative Science Quarterly
BaFin	Bundesanstalt für Finanzdienstleistungsaufsicht
Bankenverband	Bundesverband Deutscher Banken
BJM	British Journal of Management
BPI	Bundesverband der Pharmazeutischen Industrie
BVDEP	Bureau van Dijk Electronic Publishing
BVR	Bundesverband Deutscher Volksbanken und Raiffeisenbanken
BW-Bank	Baden-Württembergische Bank
DSGV	Deutscher Sparkassen- und Giroverband
DV	Dependent variable
ET&P	Entrepreneurship: Theory & Practice
HGB	Handelsgesetzbuch
IMD	International Institute for Management Development
IV	Indeptendend variable
JMS	Journal of Management Studies
KWG	Gesetz über das Kreditwesen - Kreditwesengesetz
LBBW	Landesbank Baden-Württemberg
SMJ	Strategic Management Journal
VDP	Verband Deutscher Pfandbriefbanken
VÖB	Bundesverband Öffentlicher Banken Deutschlands
ZKA	Zentraler Kreditausschuss

Abbildungsverzeichnis

Abbildung 1: Projektplan (eigene Darstellung) 4

Abbildung 2: Technology Cycle nach Anderson and Tushman
(Anderson/Tushman, 1990, S.606 / König 2009) 7

Abbildung 3: Faktoren der organisatorischen Anpassungsfähigkeit (eigene
Darstellung) 8

Abbildung 4: Vorläufige Hypothesen (eigene Darstellung) 10

Abbildung 5: Kontrollvariablen (eigene Darstellung) 19

Abbildung 6: Filterprozess (eigene Darstellung) 25

Abbildung 7: "Short-List" (eigene Darstellung) 26

Abbildung 8: Wichtige Variablen für die Deutsche Bank (eigene Darstellung) 30

1 Einleitung

1.1 Ausgangssituation und Problemstellung

Etablierte und dominierende Unternehmen (auch „Incumbents" genannt) haben häufig Probleme auf technologische Diskontinuitäten zu reagieren und werden von ihrer führenden Marktposition durch neu eintretende Unternehmen („Entrants")[1] verdrängt[2]. Zahlreiche Arbeiten haben die Problematik der Adaption etablierter Unternehmen bereits untersucht, bisher jedoch das Phänomen organisatorischer Anpassungsfähigkeit meist aus der Perspektive von Managern, nicht jedoch der Eigentümer untersucht[3].

Vor allem in Familienunternehmen spielt der Einfluss der Eigentümer eine große Rolle und beeinflusst die Entscheidungsfindung maßgeblich[4]. Zwar wurden Familienunternehmen in den letzten Jahren extensiv untersucht, jedoch stellt der Zusammenhang zwischen Familieneinfluss und der Anpassung von Organisationen an diskontinuierliche Technologien eine Forschungslücke dar.

Familienunternehmen haben in Deutschland und Europa eine enorme Bedeutung. In der Fachliteratur gibt es jedoch keine einheitliche Definition, um klar abzugrenzen, was ein Familienunternehmen ist und welches Unternehmen die Kriterien, wie bspw. Eigentümeranteil, Managementeinfluss, Geschichte oder Kultur, erfüllt[5]. Deshalb variiert die Anzahl oder der prozentuale Anteil von Familienunternehmen weltweit - je nach verwendeter Definition - zwischen 50 und 96 % aller Unternehmen[6]. Da laut Europäischer Kommission (Generaldirektion Unternehmen und Industrie) unabhängig von der verwendeten Definition über 60% aller europäischen Unternehmen Familienbetriebe sind, ist die große wirtschaftliche und gesellschaftliche Bedeutung von Familienunternehmen jedoch unbestritten[7].

Außerdem zeichnen Familienunternehmen sich durch bestimmte Charakteristika, welche die Adaptionsfähigkeit beeinflussen können, aus und heben sich damit von

---

[1] Vgl. Gilbert (2005)
[2] Vgl. Bockmühl (2007) S.2
[3] Vgl. Kaplan/Henderson (2005)
[4] Vgl. Harris/Ogbonna (2007)
[5] Vgl. Miller et al. (2010), Harris/Ogbonna (2007)
[6] Quelle: Klein (2008) S.3
[7] Quelle: Europäische Kommission Generaldirektion Unternehmen und Industrie (2009)

anderen Unternehmensformen deutlich ab, unter anderem durch langfristige Orientierung[8], emotionale Verbundenheit[9], starke soziale Beziehungen[10], Flexibilität[11] sowie Zurückhaltung[12].

In der Literatur sind zwei gegenläufige Theorien zu familiengeführten Unternehmen dominant. Auf der einen Seite die Stewardship-Theorie, besonders unterstützt durch Gómez-Mejía[13] und Miller[14], welche positive Charakteristika von Familienunternehmen wie „Community", „Continuity" und „Connections" hervorhebt und daher eine gute organisatorische Anpassungsfähigkeit indizieren könnte. Auf der anderen Seite steht die Stagnation-Theorie, unter anderem durch Schulze und Lubatkin unterstützt, welche negative Charakteristika – bspw. „konfliktreich", „konservativ", „risikoavers", „ressourcenarm" – in den Vordergrund stellt und eher auf eine schlechte Anpassungsfähigkeit schließen lässt[15].

1.2 Fragestellung und Zielsetzung

1.2.1 Gesamtprojekt

Ziel des Gesamtprojektes ist es, den Eigentümereffekt auf die Reaktion an diskontinuierlichen Wandel zu untersuchen und zu verstehen. Es soll untersucht werden, ob sich Familienunternehmen anders verhalten als Nicht-Familienunternehmen. Falls sich herausstellt, dass Familienunternehmen anders reagieren, soll außerdem untersucht werden, welche Faktoren dazu beitragen.

Hierbei sind drei Hauptforschungsfragen zu beantworten:

1) Wie und warum reagieren Familienunternehmen auf diskontinuierliche Veränderungen und unterscheidet sich diese Reaktion von anderen Unternehmensformen?

---

[8] Vgl. Miller et al. (2008), Miller et al. (2010)
[9] Vgl. Gómez-Mejía et al. (2007)
[10] Vgl. Arregle et al. (2007), Miller et al. (2009)
[11] Vgl. Ferchau (2007), Berger (2008)
[12] Vgl. Miller/Breton-Miller (2005), Klein (2008)
[13] Vgl. Gómez-Mejía et al. (2001)
[14] Vgl. Miller et al. (2007)
[15] Vgl. Schulze et al. (2001), Lubatkin et al. (2007)

2) Können sich Familienunternehmen erfolgreicher anpassen und falls ja unter welchen Umständen?
3) Welche Schlussfolgerungen oder Handlungsempfehlungen können von unseren Feststellungen für „Incumbents" abgeleitet werden, um somit eine erfolgreiche Reaktion auf diskontinuierliche Veränderungen zu erreichen?

Das Projekt ist in 2 Hauptphasen aufgeteilt: 1) Eine qualitative, modell-bildende Phase und 2) eine quantitative, modell-testende Phase, die eine Doktor- sowie mehrere Diplom-, Master- und Bachelorarbeiten umfasst und ist in Abbildung 1 dargestellt.

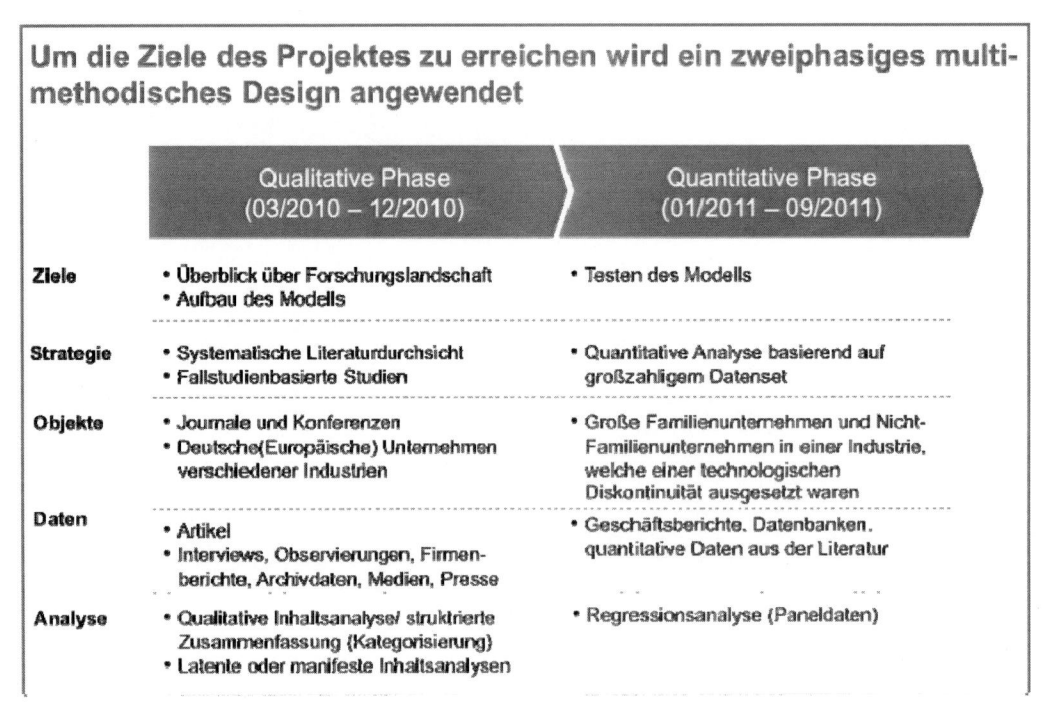

Um die Ziele des Projektes zu erreichen wird ein zweiphasiges multi-methodisches Design angewendet

	Qualitative Phase (03/2010 – 12/2010)	Quantitative Phase (01/2011 – 09/2011)
Ziele	• Überblick über Forschungslandschaft • Aufbau des Modells	• Testen des Modells
Strategie	• Systematische Literaturdurchsicht • Fallstudienbasierte Studien	• Quantitative Analyse basierend auf großzahligem Datenset
Objekte	• Journale und Konferenzen • Deutsche(Europäische) Unternehmen verschiedener Industrien	• Große Familienunternehmen und Nicht-Familienunternehmen in einer Industrie, welche einer technologischen Diskontinuität ausgesetzt waren
Daten	• Artikel • Interviews, Observierungen, Firmenberichte, Archivdaten, Medien, Presse	• Geschäftsberichte, Datenbanken, quantitative Daten aus der Literatur
Analyse	• Qualitative Inhaltsanalyse/ strukturierte Zusammenfassung (Kategorisierung) • Latente oder manifeste Inhaltsanalysen	• Regressionsanalyse (Paneldaten)

Abbildung 1: Projektplan (eigene Darstellung)

1.2.2 Bachelorarbeit

Diese Bachelorarbeit fällt in den Bereich der zweiten Phase, ist also Teil der quantitativen, modell-testenden Phase. Ziel der Arbeit war es, eine Branche herauszuarbeiten, die bestimmte Kriterien erfüllt, um den Zusammenhang zwischen Familieneigentum und der Anpassungsfähigkeit auf disruptive Innovationen quantitativ und großzahlig untersuchen zu können und erste hypothesenbasierte Modelle testen zu können. Dafür habe ich eine Matrix erstellt, in der zum einen die verschiedenen untersuchten Branchen bzw. Industriefelder und zum anderen die aufgestellten Kriterien dargestellt werden. In dieser Matrix ist ablesbar, ob die einzelnen Kriterien von den Branchen erfüllt werden. Mithilfe dieser Matrix konnte ich dann herausarbeiten, welche Branche am besten für die weitere Untersuchung der Thematik geeignet ist und eine Empfehlung aussprechen.

2 Theoretische Grundlagen und Definitionen

2.1 Technologische Diskontinuitäten

Technologische Diskontinuitäten (auch als disruptive Innovationen bezeichnet) bringen weitreichende Veränderungen mit sich und stellen etablierte Firmen vor große Herausforderungen. Die disruptiven Innovationen verändern nachhaltig Nachfrageverhalten und Geschäftssysteme in einem Markt[16]. Diese Veränderungen von bestehenden Technologien sind exogen und zwingen etablierte Organisationen dazu, interne Prozesse zu verändern, um sich an die veränderten Markterfordernisse anpassen zu können[17]. Häufig haben Firmen nicht nur große Schwierigkeiten sich an die veränderten Voraussetzungen des Marktes anzupassen, sondern schaffen dies gar nicht oder erst mit zu großer zeitlicher Verzögerung, wie z.B. Polaroid beim Übergang von analoger zu digitaler Fotografie[18].

In fast jeder Industrie treten in unregelmäßigen Abständen Innovationen auf, die nicht nur die Profitmarge oder den Absatz etablierter Firmen, sondern die Existenz dieser Firmen an sich, angreifen[19]. Diese disruptiven Innovationen unterscheiden sich somit maßgeblich von erhaltenden Innovationen und können entweder das Produkt an sich oder einzelne grundlegende Prozesse wie z.B. Herstellung oder Vertrieb betreffen[20].

In Abbildung 2 wird der zeitliche Verlauf einer disruptiven Innovation dargestellt. Dieser beginnt mit dem Auftreten der disruptiven Innovation, was zur Folge hat, dass konkurrierende Designs entstehen und sich mit der Zeit ein dominantes Design herauskristallisiert. Nun gibt es kontinuierlich erhaltende Verbesserungen bis die nächste disruptive Innovation auftritt, um die ursprüngliche Innovation zu verdrängen[21].

---

[16] Vgl. Miller/Friesen (1980a)
[17] Vgl. Tushman/Anderson (1986)
[18] Vgl. Tripsas/Gavetti (2000)
[19] Vgl. Schumpeter (1942) S.84
[20] Vgl. Tushman/Anderson (1990)
[21] Ibidem

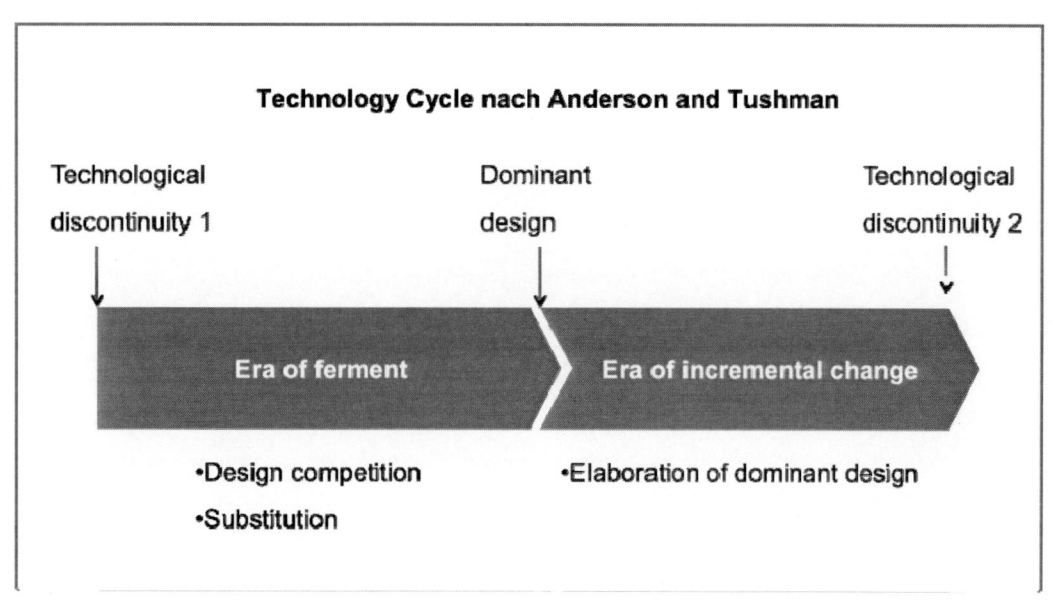

Abbildung 2: Technology Cycle nach Anderson and Tushman (Anderson/Tushman, 1990, S.606 / König 2009)

2.2 Organisatorische Anpassungsfähigkeit

Um auf eine disruptive Innovation reagieren zu können, muss diese zuerst als solche erkannt werden, um dann auf diese entsprechend reagieren zu können. Das Problem angestammter Organisationen auf diese Änderungen zu reagieren, kann auf drei Dimensionen von Trägheit („Inertia") zurückgeführt werden. Hier handelt es sich um die Geschwindigkeit der Anpassung[22], die Intensität der Ressourcenanpassung, sowie um die Routinenanpassung[23] (siehe Abbildung 3).

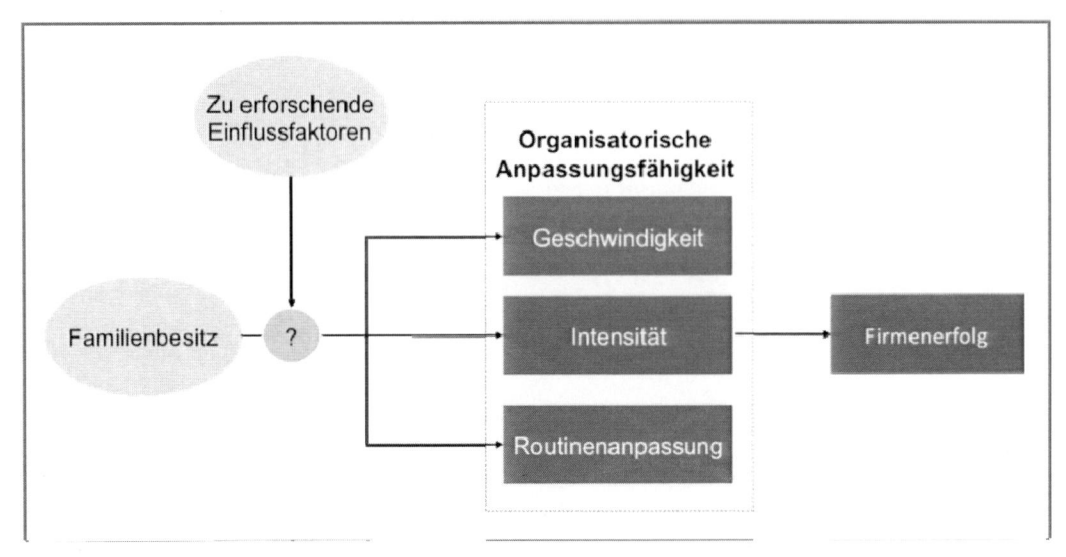

Abbildung 3: Faktoren der organisatorischen Anpassungsfähigkeit (eigene Darstellung)

Wie diese Anpassung im Einzelnen aussieht und erfolgreich gestaltet werden kann hängt von vielen Faktoren ab. Bei der Routinenanpassung beispielsweise gibt es häufig das Problem der Routinenrigidität. Eine mögliche Lösung um diesem Problem entgegenzuwirken ist es, den entsprechenden Bereich aus der bisherigen Organisation auszugliedern und eine unabhängige Sub-Organisation zu schaffen. Mit dieser Sub-Organisation, welche sich ausschließlich mit der Innovation beschäftigt, kann man es schaffen, diese Routinenrigidität zu überwinden. Hierzu ist allerdings eine geographische Trennung und eine selbstständige Unternehmensstruktur nötig[24].

---

[22] Vgl. Miller/Friesen (1980b) S.596
[23] Vgl. Gilbert (2005)
[24] Vgl. Hill/Rothaermel (2003) S.265

2.3 Familienunternehmen

In der Fachliteratur gibt es keine einheitliche Definition von Familienunternehmen. Die Anzahl der Familienunternehmen variiert dementsprechend je nach verwendeter Definition, wodurch es schwierig ist, ein Familienunternehmen trennscharf von einem Nicht-Familienunternehmen abzugrenzen[25]. Die sogenannte F-PEC Scale versucht eine Trennung durch die drei Faktoren Macht („Power"), Erfahrung („Experience") und Steuerung („Control") zu schaffen[26]. Allerdings ist es nicht Teil dieser Arbeit den Begriff Familienunternehmen trennscharf zu definieren. Um genau dieses Problem zu umgehen, soll für die nachfolgende großzahlige Untersuchung eine kontinuierliche Skala mit dem Eigentümeranteil herangezogen werden, wobei es keine feste Grenze gibt, ab der ein Unternehmen ein Familienunternehmen ist.

Zwar ist, wie bereits erwähnt, die wirtschaftliche Bedeutung von Familienunternehmen unumstritten, jedoch sind die meisten Familienunternehmen relativ klein. Es handelt sich zumeist um kleine bis mittelständige Betriebe. Lediglich 22% der deutschen Familienunternehmen haben 500 oder mehr Beschäftigte und nur 0,1% zählen zu den sogenannten Großunternehmen[27]. Das könnte für die spätere Untersuchung problematisch werden, da Unternehmen erst ab einer bestimmten Größe veröffentlichungspflichtig sind und größenabhängige Erleichterungen in Anspruch genommen werden können, was den Zugang zu den Daten deutlich erschwert. Dieses Problem wird in Kapitel 3 näher beschrieben.

---

[25] Vgl. Lubatkin et al. (2007), Miller et al. (2008)
[26] Vgl. Klein et al. (2005) S. 329
[27] Quelle: Stiftung Familienunternehmen (2009) S. 3.

3 Methodik und Vorgehen

Wie in jeder wissenschaftlichen Arbeit, muss auch hier methodisch korrekt vorgegangen werden. In der quantitativen Phase sollen die Hypothesen, welche im Rahmen der qualitativen Phase aufgestellt wurden und in Abbildung 4 dargestellt sind, überprüft werden.

Vorläufige Ergebnisse der ersten Interviews der qualitativen Phase deuten auf ein spezifisches Muster bei der Reaktion auf diskontinuierlichen Wandel hin

Organisatorische Adaption

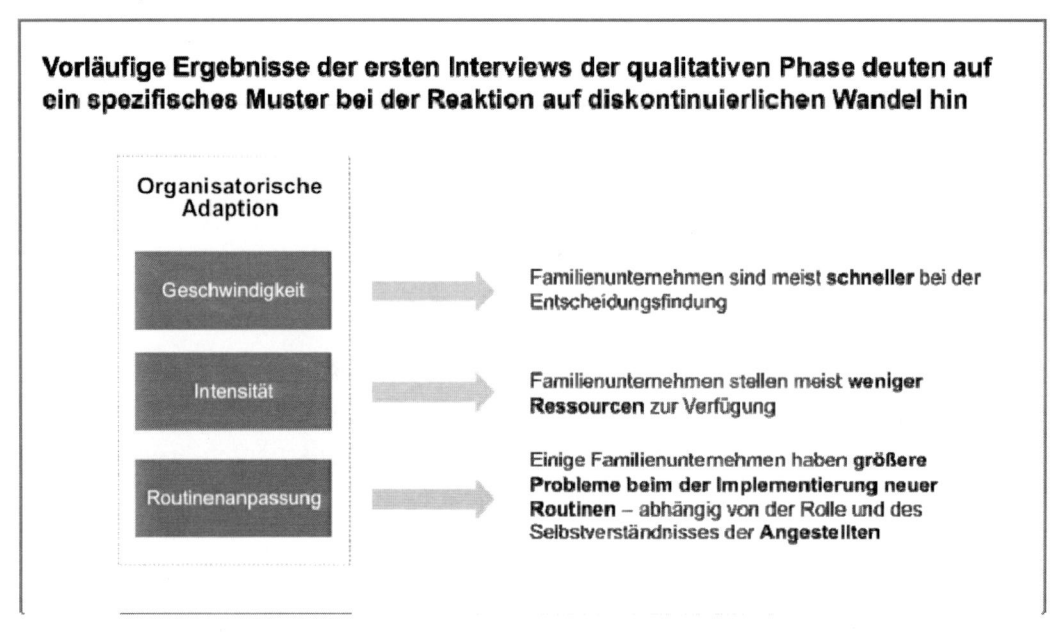

- Geschwindigkeit → Familienunternehmen sind meist **schneller** bei der Entscheidungsfindung
- Intensität → Familienunternehmen stellen meist **weniger Ressourcen** zur Verfügung
- Routinenanpassung → Einige Familienunternehmen haben **größere Probleme beim der Implementierung neuer Routinen** – abhängig von der Rolle und des Selbstverständnisses der **Angestellten**

Abbildung 4: Vorläufige Hypothesen (eigene Darstellung)

Um die Hypothesen bestätigen oder ablehnen zu können müssen diese getestet werden. Dies soll quantitativ anhand der Empfehlung einer Industrie dieser Bachelorarbeit geschehen. Um die bestmögliche Industrie auswählen zu können und potentielle Fehlerquellen bereits im Vorfeld weitestgehend zu eliminieren, muss die Methodik hier exakt angewendet werden. Hierzu wurde auf Literatur zur empirischen Sozialforschung, sowie zu Literatur aus den Bereichen „Inertia" und Familienunternehmen zurückgegriffen. Im Folgenden wird zunächst die angewandte Methodik und daraufhin das Vorgehen bei der Auswahl der Branche beschrieben.

3.1 Methodik der Branchenauswahl

Schon bei der Auswahl der Branche können bei Beachtung einiger Aspekte mögliche zukünftige Fehler vermieden bzw. minimiert werden. Wenn diese Punkte, welche im Folgenden kurz beschrieben sind, schon bei der Branchenauswahl beachtet werden, können Fehler bzw. Verzerrungen bei der Durchführung der quantitativen Analyse vermieden werden. Dieser möglichen Fehlerquellen sollte man sich im Vorhinein bewusst sein, um sie so vermeiden zu können.

Um Fehler zu verhindern, muss die Erhebung der quantitativen Phase in einer geeigneten Form geschehen. Die in der quantitativen Phase des Gesamtprojektes angelegte Analyse soll mithilfe eines Paneldesigns anhand der empfohlenen Branche durchgeführt werden. Hierbei werden die Werte gleicher Variablen zu mehreren Zeitpunkten bei identischer Stichprobe gezogen. Panelerhebungen haben den Vorteil gegenüber Trend- und Querschnitterhebungen, dass „Panelerhebungen [...] über aggregierte Trends und Trenderhebungen über Querschnitte informieren, während die umgekehrte Relation nicht gilt"[28]. Ein weiterer Vorteil ist, dass bei Trendschätzungen mittels Panelerhebung – zumindest in der Theorie – der Stichprobenfehler entfällt, da alle Werte bei den gleichen Untersuchungseinheiten der Ausgangsstichprobe erhoben wurden[29]. Da in der quantitativen Analyse auf bereits vorhandene Daten zurückgegriffen werden soll, sind Messfehler nicht nachvollziehbar, allerdings auch nicht durch Projektmitglieder verursachbar. Des Weiteren ist die Panelerhebung für den Effekt, der durch das Projekt untersucht werden soll, die einzig richtige Wahl.

Bei der Untersuchung gibt es einige Herausforderungen und Probleme, die zu umgehen sind. Diese werden im Folgenden kurz dargestellt:

- *Panelmortalität:* Eine Herausforderung ist es, der Panelmortalität entgegen zu wirken. Panelmortalität ist ein häufig auftretendes Phänomen bei langfristigen Panelstudien und bezeichnet eine teils erhebliche Schwundquote aufgrund von z.B. Wegzügen oder Verweigerung. In unserem Fall bedeutet dies, dass Firmen insolvent werden können und somit nicht mehr erreichbar sind, aufgrund einer Verkleinerung der Unternehmung nicht mehr veröffentlichungspflichtig sind oder aus anderen unbekannten Gründen keine Daten mehr verfügbar sind. Der Panelmortalität kann nicht direkt entgegen gewirkt werden, da die Daten nicht selbst erhoben werden. Hierbei gilt es zu beachten eine Stichprobe zu wählen, bei dem die Panelmortalität möglichst ge-

---

[28] Diekmann (2008) S. 306
[29] Vgl. ibidem S. 307

ring ist[30]. Panelmortalität stellt in dem Forschungsprojekt voraussichtlich kein allzu großes Problem dar, da eine Aufgabe des Geschäfts einer Firma möglicherweise auf die betrachtete disruptive Innovation zurückgeführt werden und somit als Reaktion auf diese gesehen werden kann.

- *Verzerrungen:* Des Weiteren muss versucht werden Verzerrungen („bias") zu minimieren[31]. Eine mögliche Verzerrung kann dadurch entstehen, dass die Daten von sehr kleinen Firmen nicht zugänglich sind und dadurch nicht in das Sample mit einbezogen werden können. Dieses Problem wird dadurch vermieden, dass sich die quantitative Analyse von vornherein auf große Firmen beschränken wird. Eine weitere mögliche Verzerrung kann dadurch entstehen, dass sich private Unternehmen durch Zurückhaltung auszeichnen und daher gegebenenfalls keine Daten veröffentlichen. Dieses Problem wird dadurch umgangen, dass eine Branche gewählt wird, in der ausreichend große Firmen agieren, die ihre Jahresabschlüsse veröffentlichen müssen.

- *Drittvariablenkontrolle und Scheinkorrelationen:* Bei der Prüfung der Hypothesen muss weiterhin versucht werden Scheinkorrelationen und Drittvariablenkontrolle zu vermeiden. Der Begriff Scheinkorrelation ist ein wenig irreführend. Zwar besteht hier eine Korrelation, diese ist allerdings nicht kausal. Eine Scheinkorrelation kann somit einen Zusammenhang nicht erklären[32]. Das Problem bei der Drittvariablenkontrolle ist, dass ein möglicher Zusammenhang von einer dritten – vorher nicht beachteten Variablen – hervorgerufen wird[33]. In unserem Fall könnte es bspw. problematisch sein, eine Branche mit hoher internationaler Verflechtung zu wählen. Hier ist es möglich, dass unterschiedliche Reaktionen nicht darauf zurückzuführen sind, ob ein Unternehmen ein Familienunternehmen ist oder nicht, sondern auf Unterschiede in der Kultur. Aus diesem Grund sollten die Unternehmen für die Untersuchung möglichst aus einem geographischen Markt stammen.

---

[30] Vgl. ibidem S. 308 f.
[31] Vgl. ibidem S. 416
[32] Vgl. ibidem S. 67
[33] Vgl. ibidem S. 67

- *Werturteilsproblem:* Ein weiteres mögliches Problem ist das Werturteilsproblem. Die Problematik hierbei ist, dass Interessen, Ideologien und Wertvorstellungen einen Einfluss auf die Resultate einer Untersuchung ausüben können. Selbst bei reiner wissenschaftlicher Grundlagenforschung besteht die Möglichkeit, dass sich die Interessen des Forschers in seinen Ergebnissen bemerkbar machen, sei es nur durch das Interesse an der Bestätigung seiner Theorie. Selbst wenn es keinen Auftraggeber gibt, wodurch ein mögliches Ergebnis erwünscht ist, kann das Werturteilsproblem nie vollständig eliminiert werden, da dies allein schon durch die Auswahl des Forschungsgebietes und der Forschungsfragen auftritt[34]. In unserem Projekt wird dieser Problematik entgegengewirkt, indem verschiedene konträre Ansichtsweisen (u.a. Stewardship- vs. Stagnation-Theorie) herangezogen und betrachtet werden und zudem die Analyse auf mehreren objektiven Daten (Zahlen aus Geschäftsberichten, Frequenzanalysen etc.) beruhen wird.

3.2 Vorgehen

Um eine geeignete Branche vorschlagen zu können wurde zunächst die „Inertia"-Literatur daraufhin geprüft, wie die Autoren in bereits durchgeführten Studien ihre Branche ausgewählt hatten. Hier wurde teilweise auf vorherige Studien zurückgegriffen[35], die eine bestimmte disruptive Innovation als geeignet für die Untersuchung angesehen hatten, da sie bspw. zur Forschungsfrage passt[36] oder eine bestimmte Innovation gewählt wurde, da die Daten hierfür verfügbar waren[37]. Rothaermel und Hess (2007) begründen ihre Wahl dagegen ausführlicher. Sie wählten die Pharmabranche in den USA, da diese Firmen sich aufgrund vieler Trends in der Branche besonders auf Innovationen konzentrieren müssen, den Mechanismen einer Innovation genau folgen (wie z.B. hohen Investitionen in das Humankapital), in dieser Branche hohe Ausgaben für Forschung und Entwicklung getätigt werden und es in der Pharmabranche viele Allianzen und Akquisitionen gibt[38]. Zwar konnte die „Inertia"-Literatur zur Orientierung und als Anhaltspunkt

---

[34] Vgl. ibidem S. 72
[35] Vgl. Anderson/Tushman (1990), Christensen et al. (2002)
[36] Vgl. Gilbert (2005)
[37] Vgl. Anderson/Tushman (1990),
[38] Vgl. Rothaermel/Hess (2007)

herangezogen werden, ein einheitliches Vorgehen oder einheitliche Kriterien zur Auswahl einer Industrie gibt es in der Literatur jedoch nicht.

3.2.1 Filterprozess und verwendete Quellen

Für diese Arbeit habe ich zunächst eine lange Liste mit möglichen Branchen erstellt und entlang einiger Kriterien bewertet. Um eine geeignete Branche vorschlagen zu können, habe ich mithilfe einer Excel-Tabelle diese sogenannte „Long-List" erstellt und hier 51 vermutete Diskontinuitäten sowie die zugehörige Branche bzw. Industrie und den Zeitraum der Innovation eingetragen. Um diese Liste zu erstellen habe ich wieder die Literatur zum Thema „Inertia" herangezogen. Außerdem ergänzte ich die Liste mithilfe von Übersichtsliteratur zum Thema Innovationen[39], Expertendiskussionen (u.a. mit Don Hambrick), sowie eigenen Überlegungen.

Um meine eigenen Überlegungen zu potentiellen Diskontinuitäten belegen zu können, habe ich hierzu Literatur gesucht. Hierfür habe ich die Datenbanken JSTOR, Business Source Complete (via EBSCO Host) und EconLit with FullText (via EBSCO Host) sowie im Ausnahmefall die Suchmaschine Google verwendet. Die Suche nach wissenschaftlichen Belegen zu den disruptiven Innovationen in den Datenbanken habe ich anhand mehrerer Parameter durchgeführt. Zum einen habe ich die Suche auf Englisch durchgeführt, da die meisten Fachzeitschriften bzw. Veröffentlichungen auf Englisch sind und somit die Trefferzahl deutlich größer ist als bei einer Suche auf Deutsch. Außerdem habe ich, aufgrund der teilweise sehr hohen Anzahl von Treffern (zum Teil über 100.000), nur die erste Ergebnisseite betrachtet. Diese Seite enthält die 25 (JSTOR) bzw. 30 (Business Source Complete und EconLit with FullText) Treffer mit der höchsten Relevanz in Bezug auf die jeweiligen Suchbegriffe. Falls keine relevanten Ergebnisse in den Datenbanken verfügbar waren, was selbst bei einer hohen Trefferzahl möglich war, habe ich hierzu die Suchmaschine Google bemüht. Um eine einheitliche Suche gewährleisten zu können, habe ich jeweils mit den gleichen Stichworten gesucht. Dies waren jeweils die vermutete disruptive Innovation bzw. die jeweilige Branche und das Stichwort „Innovation".

---

[39] Vgl. Christensen/Raynor (2003)

Im Folgenden habe ich die Liste anhand verschiedener Filter immer weiter reduziert. Während eines dreistufigen Filterprozesses (siehe Kapitel 4, Abbildung 5) erstellte ich die „Long"-, sowie eine „Middle"- und eine „Short-List". Nachdem die Suche nach disruptiven Innovationen (vorläufig) abgeschlossen war, konnte ich bereits einige Industrien verwerfen. Diese habe ich zumeist deshalb ausgeschlossen, da der Zeitraum zu lange her oder zu aktuell war[40]. Außerdem konnte ich einige Branchen aufgrund von offensichtlichen Gründen ausschließen, wie z.B. die Postbranche in Deutschland aufgrund des Quasi-Monopols (ehemaliges Monopol) der Post in Deutschland[41]. Um einen Überblick über die jeweiligen Branchen, Stichprobenumfang, Eigentümerstruktur, Heterogenität etc. in den bisher präferierten Branchen zu bekommen, habe ich die Suche nach den entsprechenden Informationen, je nach Markt auf Deutsch oder Englisch durchgeführt. Hierzu habe ich vor allem die Stichworte „Verband", „Association" „Überblick", „Overview", „Deutschland", „USA", „Eigentümerstruktur", „ownership structure" sowie die jeweilige Branche verwendet. Für diese Suche verwendete ich zumeist Google, da die Trefferanzahl in den zuvor benutzten Datenbanken zu gering war. Branchen, welche den später beschriebenen Kriterien nicht genügten, habe ich hier aussortiert.

Die weitere Selektion der Branchen geschah aufgrund von der Zugänglichkeit von Daten bei einzelnen zufällig ausgewählten Firmen. Hierzu habe ich vor allem auf den Firmenhomepages nach Informationen gesucht. Verlässliche und zumindest in jüngerer Vergangenheit verfügbare Informationen sind in den Geschäftsberichten der Firmen verfügbar. Außerdem habe ich wissenschaftliche Arbeiten, Fallstudien, Interviews, Fachzeitschriften, Beobachtungen und Archivdaten herangezogen. Um sicher zu gehen, dass geeignete Quellen herangezogen werden, habe ich auch hier die Fachliteratur zum Thema „Inertia" durchgesehen. Die Autoren verwendeten hier Geschäftsberichte[42], Fachzeitschriften[43], Interviews[44], Archivdokumente[45] sowie jegliche öffentlich verfügbare Daten[46].

---

[40] Zu lange her: Schwerer Datenzugang, uninteressant. Zu aktuell: Langzeit-Effekte noch nicht untersuchbar
[41] Vgl. Inderst/Haucap (2007)
[42] Vgl. Kaplan et al. (2003), Tripsas/Gavetti (2003)
[43] Vgl. Anderson/Tushman (1990)
[44] Vgl. Christensen/Bower (1996), Gilbert (2005)
[45] Vgl. Gilbert (2005)
[46] Vgl. Tripsas/Gavetti (2003)

3.2.2 Angewandte Kriterien

Um die am Besten geeignete Industrie bzw. Branche für die quantitative Analyse auswählen zu können, habe ich zunächst einige Kriterien festgelegt, anhand derer die Industrien dann bewertet werden sollten. Ungeeignete Industrien konnte ich somit aussortieren. Vorläufige Kriterien waren bereits durch das Gesamtprojekt vorgegeben, welche ich aber über die Zeit der Suche angepasst und erweitert habe. Zusätzlich habe ich, durch das Lesen relevanter Methodik-Literatur (bspw. Diekmann)[47] sichergestellt, dass der Sample-Auswahlprozess die wissenschaftlichen Standards erfüllt und die im vorherigen Kapitel aufgeführten Fehlerquellen minimiert.

Zeitraum: Die disruptive Innovation sollte im Idealfall zwischen den Jahren 1980 und Anfang 2000 liegen, damit die benötigten Daten auch verfügbar sind. Wenn der Zeitraum einer Innovation zu lange zurückliegt, macht dies die Untersuchung schwieriger, da der Zugang du diesen Daten oft nur sehr schwer möglich ist. Die Innovation sollte allerdings auch nicht zu aktuell sein, da hier sonst die langfristigen Auswirkungen nicht untersucht werden können und wenige bis keine Studien oder Artikel über die Innovation und etwaige Reaktionen darauf verfügbar sind. Im Idealfall sollte die Entwicklung der zu betrachtenden Firmen mindestens 5 Jahre vor und nach der Innovation nachvollziehbar sein, d.h. es sollten Daten (in der Regel Geschäftsberichte) über einen Zeitraum von mindestens 10 Jahren verfügbar sein. Dies stellte sich zum Ende der Suche zunehmend als Herausforderung dar, da die meisten Firmen – falls sie Geschäftsberichte veröffentlichen – diese nur für die jüngste Vergangenheit online zur Verfügung stellen. Durch den gewählten Zeitraum soll außerdem versucht werden, die Panelmortalität und mögliche Verzerrungen durch „überlebende" Firmen gering zu halten. Auch Rothaermel und Hess (2007) verwendeten den Zeitraum ab 1980 für die Pharmabranche, um diesem Problem entgegenzuwirken[48]. Um den Zeitraum einer Innovation zu belegen, habe ich die Fachliteratur zum Thema „Inertia", die Suche in den Datenbanken, sowie die Suchmaschine Google verwendet.

---

[47] Vgl. Diekmann (2008)
[48] Vgl. Rothaermel/Hess (2007)

Stichprobenumfang: Während der quantitativen Analyse sollen ca. 50-100 Firmen untersucht werden. Somit sollten in der jeweiligen Branche mindestens 50-100 Firmen agieren. Da der Datenzugang zu diesen 50-100 Firmen möglich sein muss, sollte die Branche also einen größeren Umfang haben oder zumindest die Zugänglichkeit der Daten zu diesen Firmen möglich sein. Somit konnte ich Branchen, in denen weniger als 50 Marktteilnehmer vertreten sind, sofort von der weiteren Betrachtung ausschließen. Meist konnte ich die Anzahl der Unternehmen in einer Branche durch Dachverbände herausfinden.

Geographische Lage: Die Stichprobe sollte möglichst in Deutschland bzw. Europa oder den USA bzw. Nordamerika angesiedelt sein. Dies soll sicherstellen, dass die Ergebnisse nachvollziehbar sind und Unterschiede der Reaktion nicht auf kulturellen Begebenheiten basieren. Somit sollen mögliche Verzerrungen aufgrund kultureller Unterschiede vermieden werden. Falls möglich, sollte die Branche in Deutschland angesiedelt sein, um mögliche Verzerrungen bei Vergleichen zum qualitativen Teil der Forschungsarbeit vermeiden zu können, da die Stichprobe hierfür ebenfalls in Deutschland angesiedelt ist. Allerdings musste darauf geachtet werden, dass es nicht zu einem Werturteilsproblem kommt und die Branche nicht nur aus diesem Grund ausgewählt wird. Durch die geographische Wahl kann außerdem, wie oben bereits genannt, dem Problem der Drittvariablenkontrolle (aufgrund von Kulturunterschieden) teilweise entgegen gewirkt werden. Außerdem sollte die Stichprobe sich möglichst in Deutschland oder den USA befinden, um die Datenzugänglichkeit sicherstellen zu können und die Quellen ohne Übersetzung verwendet werden können. Die geographische Lage der Branche konnte ich zum Teil bereits der „Inertia"-Literatur entnehmen. Falls nicht konnte ich dies während der Suche in den Datenbanken und zum Teil durch Verbände herausfinden. Konnte ich hier kein entsprechender Markt finden, habe ich die Suchmaschine Google verwendet.

Eigentümerstruktur, Familienbesitz und Heterogenität: Um die Vergleichbarkeit zwischen den Firmen sicherstellen zu können soll in der jeweiligen Industrie eine gemischte Eigentümerstruktur vorzufinden sein. Hier soll ausdrücklich keine feste Anzahl von Familienunternehmen festgelegt werden. Dies liegt unter anderem daran, dass der Einfluss der Familie in den Firmen durchaus variieren kann und wie bereits oben erwähnt keine einheitliche Definition von Familienunternehmen existiert[49]. Auf einer diskontinuierlichen Skala von 0-100% sollte beim Familienbesitz bzw. Familieneinfluss ein möglichst breiter Bereich abgedeckt werden. Hierdurch soll die Heterogenität der Branche in Bezug auf die Eigentümerstruktur sichergestellt werden. Um die (vermutlich unterschiedliche) Anpassung von Familienunternehmen und Nicht-Familienunternehmen an disruptive Innovationen untersuchen zu können, müssen freilich Familienunternehmen in dem Markt agieren. Hier konnte ich beispielsweise die Flugbranche ausselektieren, da hier kaum Familienunternehmen tätig sind. Außerdem sollten die Firmen in der Branche in sich heterogen sein. Das bedeutet, dass es in der Branche nicht wenige oder einzelne Firmen geben sollte, die den Markt kontrollieren können. Hier konnte ich z.B. die Musikindustrie aufgrund eines Oligopols mit vier zentralen Wettbewerbern[50] sowie die deutsche Postbranche aufgrund des ehemaligen Postmonopols ausschließen[51]. Durch diese Faktoren soll versucht werden, etwaige Verzerrungen möglichst gering zu halten. Um zu überprüfen, ob diese Kriterien jeweils von den einzelnen Branchen erfüllt werden, habe ich meist die jeweiligen Branchenverbände und die Suchmaschine Google verwendet.

Datenzugänglichkeit: Um die quantitative Analyse durchführen zu können, müssen die erforderlichen Daten von den jeweiligen Firmen zugänglich sein. Es werden Informationen zu den abhängigen Variablen, also zur Reaktion auf die Innovation, benötigt (Geschwindigkeit, Intensität und Routinenanpassung). Zudem enthält Abbildung 5 eine vorläufige Liste von moderierenden und kontrollierenden Variablen, die betrachtet werden sollen. Mit einer guten Datenzugänglichkeit kann außerdem die Panelmortalität möglichst gering gehalten werden.

---

[49] Vgl. Lubatkin et al. (2007), Miller et al. (2008)
[50] Vgl. Clement/Schusser (2005) S. 212
[51] Vgl. Haucap/Kühling (2007)

Kontrollvariablen, welche Auswirkungen auf den Einfluss von Familieneigentum haben könnten

- **Familienmitglieder (Eigentümer und Manager)**
  - z.B. prozentualer Anteil an der Geschäftsführung u.a. Harris BJM
  - z.B. Netzwerk, u.a. Miller 2009 ET&P

- **Organisation**
  - z.B. Umsatz und Gewinn u.a. Eddleston JMS
  - z.B. Größe und Alter der Firma, u.a. Fiss ASQ, Ruef ASQ

- **Industrie**
  - z.B. Art der Industrie (Dynamismus, Disruptivität), u.a. Fizz AMJ

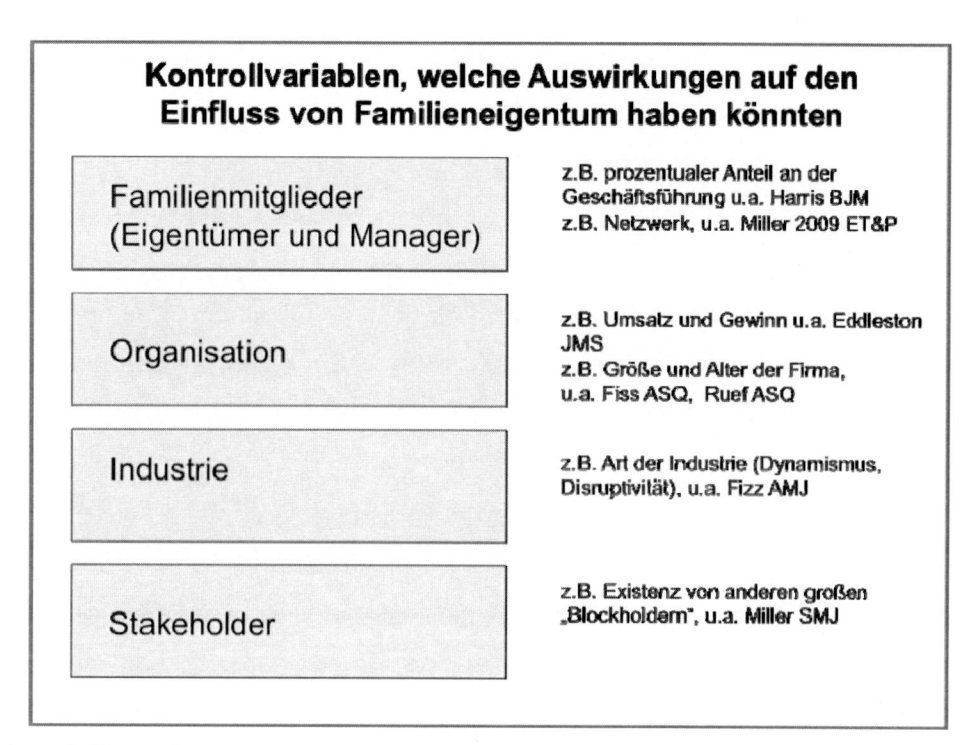

- **Stakeholder**
  - z.B. Existenz von anderen großen „Blockholdern", u.a. Miller SMJ

Abbildung 5: Kontrollvariablen (eigene Darstellung)

Hierbei besteht die Herausforderung, auf die Daten vollständig über den Zeitraum der betrachteten Innovation zugreifen zu können. Diese Daten können zwar aus den Geschäftsberichten der Unternehmen extrahiert werden, allerdings sind längst nicht alle Unternehmen veröffentlichungspflichtig (z.B. in Deutschland in § 325 ff HGB geregelt)[52]. Ob und welche Teile des Jahresabschlusses veröffentlicht werden müssen hängt von der Größe des Unternehmens ab (in Deutschland § 267 HGB)[53]. Zudem gibt es größenabhängige Erleichterungen (in Deutschland § 326 ff HGB)[54]. Somit sind Daten aus umsatzstarken Branchen, in denen größere Unternehmen agieren, leichter zugänglich als aus kleineren Industrien. Zu beachten ist die Sonderregelung (in Deutschland), dass kapitalmarktorientierte Unternehmen stets als große Unternehmen gelten. Zudem müssen Kredit- und Finanzdienstleistungsinstitute immer nach den Regelungen für große Unternehmen offenlegen[55]. Aufgrund dessen ist gerade die Bankenbranche sehr attraktiv für die weitere Untersuchung.

---

[52] Vgl. Handelsgesetzbuch
[53] ibidem
[54] ibidem
[55] Vgl. Publikations-Plattform (2010)

Zwar erleichtert die Veröffentlichungspflicht den Zugang zu den Daten, jedoch wurde die elektronische Veröffentlichung in Deutschland erst 2007 eingeführt, wodurch die ältesten kostenlos verfügbaren Jahresabschlüsse im elektronischen Bundesanzeiger aus dem Jahr 2006 datieren. Die neueren Geschäftsberichte sind im elektronischen Bundesanzeiger bzw. auf www.unternehmensregister.de verfügbar. Oftmals veröffentlichen die Firmen ihre Geschäftsberichte auch auf ihren Homepages, allerdings wird dies sehr unterschiedlich gehandhabt und umfasst meist nur einige wenige Jahre.

Für die quantitative Analyse sollten wenn möglich – jedoch nicht ausschließlich – Geschäftsberichte herangezogen werden. Wichtige Daten, die den Geschäftsberichten entnommen werden können, sind unter anderem Mitarbeiterzahl, Geschäftsführer und Anteilseigner. Auch kann meist das Jahr herausgelesen werden in dem eine Diskontinuität von einem Unternehmen zuerst erkannt wurde und wann und wie darauf reagiert wurde. Dies kann durch eine Stichwortsuche mit dem Begriff der jeweiligen Innovation geschehen. Zudem kann dem Lagebericht – sofern vorhanden – entnommen werden, wie die zukünftige Entwicklung von dem betreffenden Unternehmen gesehen wurde und ob sich diese Einschätzung im Laufe der Zeit verändert hat oder gleich geblieben ist. Geschäftsberichte werden zwar oft zur Analyse von Unternehmen herangezogen, allerdings stellen diese keine idealen Materialien dar, um die mentalen Modelle der Geschäftsführung nachvollziehen zu können. Oftmals, besonders in den letzten Jahren, werden die Geschäftsberichte von „Public relations"-Abteilungen geschrieben und sind somit nicht von der Geschäftsführung selbst verfasst. Außerdem sind systematische Verzerrungen denkbar. So werden z.B. unvorteilhafte Kommentare über das Management wohl unterdrückt. Obwohl Geschäftsberichte somit nicht ideal geeignet sind, gibt es wenige bis keine rivalisierenden Datenquellen, um Veränderungen in den Denkweisen der Unternehmensführung feststellen zu können. Allerdings sind als Alternative „Letter to shareholders" denkbar, da sie zeitnäher an den Geschehnissen und über kurze und konsistente Intervalle verfasst werden[56]. Allerdings sind diese meistens in den Geschäftsberichten enthalten und außerhalb von den USA und Großbritannien nicht so sehr verbreitet[57]. Somit ist auf die „Letter to shareholders" meist kein Zugriff möglich, wenn der Geschäftsbe-

---

[56] Vgl. Barr et al. (1992) S. 21
[57] Vgl. Kaplan et al. (2003) S. 210

richt nicht zugänglich ist. Zudem spielen die „Letter to shareholders" in unserem Fall eine untergeordnete Rolle, da die meisten Industrien aus der näheren Auswahl in Deutschland betrachtet wurden bzw. untersucht werden sollen. Außerdem sind einige zusätzliche Informationen, die teilweise nicht in den Geschäftsberichten vorhanden sind, möglicherweise auf den Firmenhomepages oder über andere alternative Quellen verfügbar.

Die Datenzugänglichkeit stellte sich während der Arbeit als Engpass bei der Empfehlung der Branche heraus. Das Forschungsteam hat durch das IMD Lausanne Zugang zu der Datenbank „Thomson One"[58]. In dieser Datenbank sind Geschäftsberichte von börsennotierten Firmen weltweit ab ca. 1980 zugänglich. Falls diese Datenbank während der Untersuchung benutzt werden sollte, ist zu beachten, dass es vorkommen kann, dass gewisse Geschäftsberichte nicht zugänglich sind. Dies kann u.a. daran liegen, dass diese (noch) nicht digitalisiert wurden oder das Unternehmen zu diesem Zeitpunkt noch nicht börsennotiert war. In ersterem Fall sollte man sich an den Datenbankbetreiber wenden, um so Zugang zu den Geschäftsberichten zu bekommen.

Eine große Herausforderung war es, eine Branche zu finden, in der es ausreichend größere Familienunternehmen gibt, die ihre Daten veröffentlichen müssen. Viele kleine Unternehmen veröffentlichen ihre Zahlen nicht, wenn sie nicht veröffentlichungspflichtig sind. Hinzu kommt, dass Familienunternehmen wohl besonders reserviert sind und ihre Daten ungern preisgeben[59]. Daher liegt der Fokus auf Branchen in denen die Firmen ihre Daten veröffentlichen müssen, also z.B. auf Branchen, in denen viele große börsennotierte Firmen agieren. Allerdings ist hierbei das Problem, dass nur wenige Familienunternehmen zu den großen Unternehmen gehören und somit nicht veröffentlichen müssen. Hier muss darauf geachtet werden, ob mögliche Unterschiede in der Reaktion wirklich aus den Eigentümerverhältnissen resultieren und nicht durch die Größe des Unternehmens verursacht werden (Drittvariablenkontrolle). Außerdem können mögliche Verzerrungen dadurch entstehen, dass gerade Familienunternehmen ihre Informationen nicht preisgeben, sofern sie dies nicht müssen. Diesem Problem wird allerdings dadurch begegnet, dass nur Unternehmen betrachtet werden, die ihre Daten

---

[58] Webseite: https://www.thomsonone.com
[59] Vgl. Klein (2008)

preisgeben müssen. Eine zusätzliche Herausforderung stellt der operative Datenzugriff dar. Um den Arbeitsaufwand nicht unnötig zu erhöhen, sollten möglichst alle Daten in einer Datenbank zu finden sein.

4 Ergebnis

4.1 Empfehlung

Als Ergebnis der Arbeit schlage ich die Bankenbranche für die weitere Untersuchung vor. Ziel meiner Arbeit war es, eine Branche für eine quantitative, großzahlige Untersuchung vorzuschlagen. Um eine Branche auswählen zu können musste ich zuerst eine ausführliche – jedoch keine vollständige – Liste mit disruptiven Innovationen und deren dazugehörigen Branchen aufstellen. Ziel meiner Arbeit war es nicht, möglichst alle disruptiven Innovationen aufzulisten, da diese Liste einen enormen Umfang erreichen würde. Die Liste erhebt somit keinen Anspruch auf Vollständigkeit.

Während des dreistufigen Filterprozesses habe ich zunächst 51 verschiedene Innovationen und deren Branchen betrachtet. Während des ersten Schrittes habe ich die „Long-List" erstellt, die die insgesamt 51 betrachteten Industrien umfasst. Im nächsten Schritt habe ich hier 33 Industrien aussortiert, womit die „Middle-List" mit 17 verbliebenen Industrien entstand. Im dritten Schritt habe ich weitere 12 Branchen aus der „Middle-List" aussortiert. Somit verblieben 4 Industrien mit 5 Diskontinuitäten in der näheren Auswahl in der „Short-List". Im letzten Schritt habe ich die Branchen der „Short-List" noch einmal näher betrachtet, vor allem im Bezug auf die Datenzugänglichkeit, um eine Empfehlung aussprechen zu können. Dieser Filterprozess ist in Abbildung 6 dargestellt.

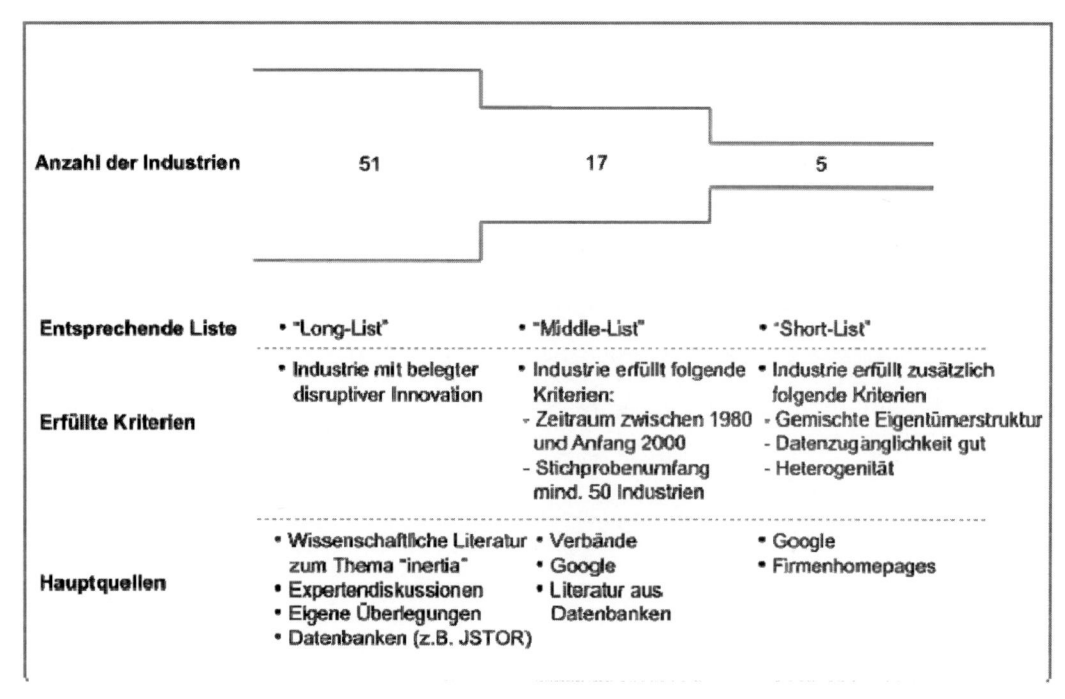

Anzahl der Industrien	51	17	5
Entsprechende Liste	• "Long-List"	• "Middle-List"	• "Short-List"
Erfüllte Kriterien	• Industrie mit belegter disruptiver Innovation	• Industrie erfüllt folgende Kriterien: - Zeitraum zwischen 1980 und Anfang 2000 - Stichprobenumfang mind. 50 Industrien	• Industrie erfüllt zusätzlich folgende Kriterien - Gemischte Eigentümerstruktur - Datenzugänglichkeit gut - Heterogenität
Hauptquellen	• Wissenschaftliche Literatur zum Thema "inertia" • Expertendiskussionen • Eigene Überlegungen • Datenbanken (z.B. JSTOR)	• Verbände • Google • Literatur aus Datenbanken	• Google • Firmenhomepages

Abbildung 6: Filterprozess (eigene Darstellung)

Nachdem ich die Industrien der „Short-List" näher betrachtet habe, habe ich die Bankenbranche in Deutschland als Empfehlung ausgewählt. Hier sollen zum einen Direktbanken bzw. „direct banking" als disruptive Innovation betrachtet werden und zum anderen die Bankenkrise 2007[60]. Durch die Betrachtung der kurzfristigen Folgen der Krise wird eine zweite Diskontinuität betrachtet, die mit der Ersten verglichen werden kann. Der Mehraufwand hält sich hier in Grenzen, da die Stichprobe im Rahmen der Betrachtung der ersten disruptiven Innovation bereits erstellt werden muss und hier lediglich der Betrachtungszeitraum erweitert werden muss. Durch die Wahl der Branche in Deutschland können mögliche Verzerrungen und das Problem der Drittvariablenkontrolle minimiert werden. Zudem können dadurch die Ergebnisse mit denen der qualitativen Phase besser verglichen werden, da die Interviews auch in Deutschland geführt wurden. Da die Datenzugänglichkeit in der Bankenbranche deutlich besser ist, als in den anderen betrachteten Industrien, konnte ich ausschließen, dass ich die Industrie aufgrund des Standortes Deutschland ausgewählt habe. Somit konnte ich das Werturteilsproblem in diesem Fall vermeiden. Außerdem wurde die Bankenbranche schon in einigen Studien großzahlig untersucht[61].

---

[60] Vgl. TU Chemnitz (2007)
[61] Vgl. Berger et al. (2005), Bughin (2003), Frei et al. (1999)

4.2 Beschreibung der Industrien

Die Industrien, die zuletzt in der näheren Auswahl waren, sind in der sogenannten „Short-List" (Abbildung 7) enthalten. Die „Long-List" die alle betrachteten Industrien enthält, befindet sich aus Darstellungsgründen im Anhang (Präsentation zur Branchenauswahl). Im Folgenden wird zunächst die Bankenbranche ausführlicher beschrieben, da sie meiner Meinung nach für das weitere Vorgehen des Projektes am Besten geeignet ist. Daraufhin werden kurz die Gründe genannt, warum die anderen Industrien der „Short-List" verworfen wurden.

Industrie	Diskontinuität	Stichprobenumfang/ Eigentum	(Quantitative) Studien/ Artikel	Datenzugang	Grund für Verwerfung
Automobilzulieferer (Deutschland)	E-mobility (nur kurzfristige Auswirkungen)	Ausreichend, 29% in Familieneigentum***	Zohm 2004, Christensen 1997	Mittel	Keine Untersuchung langfristiger Folgen
Banken (Deutschland)	Direktbanken	Ausreichend, gemischte Eigentümerstruktur****	Neuberger 1997	Gut	Keiner
Banken (Deutschland)	Krise 2007 (nur kurzfristige Auswirkungen)	Ausreichend, gemischte Eigentümerstruktur****	Keine gefunden	Gut	Keiner (kurzfristige Auswirkungen untersuchen)
Einzelhandel (USA)	"Discount"-Einzelhändler	Ausreichend; ca. 28% in Familieneigentum**	Khanna/Tice 2000	Schwer	Schwieriger Datenzugriff
Pharma (Deutschland)	Biotechnologie	BPI*: 878 Mitglieder, 2/3 eigentümergeführt	BPI 2009	Schwer	Schwieriger Datenzugriff

* Bundesverband der Deutschen Pharmazeutischen Industrie
** In Studie von Khansa/Tice: 89 Ketten gehören 76 Firmen. 21 Firmen waren während der gesamten Zeit eigentümergeführt
*** Quelle: Alvarez & Marsal 2009. 225 Firmen im Segment >100 Mio € Umsatz. Umsatz nur 14% im Bereich 500-1000 M o €
**** Quellen: Verschiedene Bankenverbände

Abbildung 7: "Short-List" (eigene Darstellung)

4.2.1 Bankenbranche

Überblick und derzeitige Situation: Die Bankenbranche hat in Deutschland eine sehr große Bedeutung und befindet sich momentan im Umbruch. Mit einer Gesamtbilanzsumme von 7.436,1 Mrd. Euro in 2009 der Monetären Finanzinstitute in Deutschland (ohne Deutsche Bundesbank) ist die große Bedeutung der Banken unumstritten. Mit Ausnahme des Jahres 2009 ist die Bilanzsumme in den vergangenen Jahren kontinuierlich gestiegen[62]. Außerdem waren 2007 in Deutschland über 680.000 Menschen im Bankgewerbe beschäftigt[63]. Allerdings befindet sich die Branche spätestens seit der Weltwirtschaftskrise im Umbruch. Wie sich die Branche im Folgenden verändern wird, ist freilich noch offen. Allerdings ist das Ausmaß der Veränderung schon durch die Beteiligung der Bundesregierung spürbar. So auch Bundesminister Dr. Karl-Theodor Freiherr zu Guttenberg: „Die nächste Jahrestagung [Handelsblatt Jahrestagung „Banken im Umbruch"] wird Antworten liefern müssen, wie dem Aufbau systemischer Risiken in Zukunft vorzubeugen ist, ohne Wachstum und sinnvolle Finanzinnovationen unangemessen zu beeinträchtigen"[64].

Wettbewerber: Das deutsche Finanz- und Bankensystem zeichnet sich durch zwei Merkmale aus. Zum einen „handelt es sich um ein bank-basiertes Finanzsystem, in dem sich Unternehmen und Private – im Gegensatz zu marktbasierten Systemen, wie sie zum Beispiel in Großbritannien und den Vereinigten Staaten zu finden sind – zum größeren Teil über Bankkredite und weniger über den Kapitalmarkt finanzieren (Hausbankprinzip)." Zum anderen herrscht die so genannte 3-Säulen-Struktur, d.h. es gibt drei Typen von Universalbanken. Dies sind Kreditbanken, zu denen eigentümergeführte Banken oder in Familienbesitz befindliche Banken zählen, öffentlich-rechtliche Banken, wozu Sparkassen und Landesbanken gehören, und Genossenschafsbanken, zu denen Kreditgenossenschaften und genossenschaftliche Zentralbanken gezählt werden. Außerdem existieren noch Spezialbanken, die nicht sämtliche Bankgeschäfte abdecken[65]. Im Dezember 2009 betrug die Anzahl, der an die Deutsche Bundesbank berichtenden Bankengruppen, 1.939[66], womit die Branche als sehr wettbewerbsintensiv bezeichnet werden kann. Außerdem erfüllt die Branche somit das Kriterium des Stichprobenumfanges (>50). Das größte deutsche Kreditinstitut in 2008 war die Deutsche Bank AG mit einer Bilanzsumme von 2.202.423 Mio. € und 80.456 Mitarbeitern, gefolgt von der Commerzbank AG mit 625.196 Mio. € und 43.169 Mitarbeitern. Das Kreditinstitut an 100. Stelle war die Kreissparkasse Biberach mit einer Bilanzsumme von 6.295 Mio. € und 786 Mitarbeitern. Somit kann man sagen, dass die

---

[62] Quelle: Deutsche Bundesbank (2010)
[63] Quelle: Bundesverband Deutscher Banken (2008)
[64] Vgl. Handelsblatt Veranstaltungen (2009)
[65] Vgl. Sachverständigenrat (2005)
[66] Quelle: Deutsche Bundesbank (2010) S. 24*

Branche, was die Typen und Größe der Banken angeht, äußerst heterogen und auch dieses Kriterium somit erfüllt ist[67].

Eigentümerstruktur: Wie bereits oben erwähnt, gibt es in Deutschland die sogenannte 3-Säulen-Struktur. Durch diese Struktur herrscht in Deutschland auch eine sehr gemischte Eigentümerstruktur. Die Banken sind zumeist in Verbänden organisiert. In Deutschland gibt es 5 Spitzenverbände der Kreditwirtschaft. Diese sind seit 1932 im Zentralen Kreditausschuss (ZKA) organisiert. Die 5 Spitzenverbände werden im Folgenden kurz vorgestellt:

- Bundesverband Deutscher Volksbanken und Raiffeisenbanken (BVR): „Der FinanzVerbund mit seinen 1.156 Volksbanken und Raiffeisenbanken, zwei Zentralbanken, Verbundunternehmen und Sonderinstituten ist mit rund 170.000 Mitarbeitern und einer Bilanzsumme von 1.025 Milliarden Euro eine der tragenden Säulen des deutschen Kreditgewerbes und ein wichtiger Faktor im deutschen Wirtschaftsleben"[68].
- Bundesverband Deutscher Banken (Bankenverband): „Der Bankenverband repräsentiert mehr als 220 private Banken und elf Mitgliedsverbände. Die dem Verband angeschlossenen Institute stehen miteinander in intensivem Wettbewerb. Die Bandbreite reicht von großen bis kleinen, von weltweit operierenden bis regionalen, von universell tätigen bis auf einzelne Geschäftsbereiche spezialisierte Banken"[69].
- Bundesverband öffentlicher Banken (VÖB): „Der Bundesverband Öffentlicher Banken Deutschlands, VÖB, ist ein Spitzenverband der deutschen Kreditwirtschaft. Er vertritt 62 Mitgliedsinstitute, darunter die Landesbanken sowie die bundes- und ländereigenen Förderbanken"[70].
- Deutsche Sparkassen- und Giroverband (DSGV): Im Dachverband der Sparkassenfinanzgruppe sind 431 Sparkassen, 7 Landesbank-Konzerne, 10 Landeshauptsparkassen, 12 Erstversicherergruppen der Sparkassen und weitere Finanzdienstleistungsunternehmen organisiert[71].

---

[67] Quelle: Kuck (2009)
[68] Bundesverband der Deutschen Volksbanken und Raiffeisenbanken (2010)
[69] Bundesverband Deutscher Banken (2010a)
[70] Bundesverband Öffentlicher Banken Deutschlands (2010)
[71] Quelle: Deutsche Sparkassen- und Giroverband (2009)

- Verband Deutscher Pfandbriefbanken (VDP): Dieser Verband mit Sitz in Berlin repräsentiert 36 Mitgliedsinstitute[72].

Hiermit ist das Kriterium einer gemischten Eigentümerstruktur erfüllt. Für das weitere Forschungsprojekt sind vor allem familiengeführte Banken interessant. Diese sind im Bankenverband organisiert. Zwar sind hier über 220 private Banken organisiert, jedoch sind diese nicht alle familiengeführt. Hier sind insbesondere die 26 Privatbankiers (siehe Liste im Anhang) interessant, da diese mit ihrem gesamten privaten Vermögen persönlich haften[73]. Allerdings sind nicht nur Privatbankiers in Familieneigentum. Zum Teil sind auch Banken, die im Bankenverband als Regionalbanken[74] aufgelistet sind, in privater Hand, wie z.B. die Bank Schilling[75]. Außerdem müssen hier Banken betrachtet werden, die früher in privatem Besitz waren und Banken, die ihr Geschäft aufgeben mussten, wie z.B. die SchmidtBank, deren Filialnetz 2005 von der Commerzbank übernommen wurde und auch deren andere Sparten und Töchterunternehmen liquidiert wurden[76].

Produkte: Die Produkte bzw. Dienstleistungen von Banken sind sehr vielfältig, z.B. kann man zwischen Privat- und Geschäftskunden trennen. Die Landesbank Baden-Württemberg etwa, vollzieht dies durch die Trennung in die LBBW für Geschäftskunden und die BW-Bank für Privatkunden[77]. In §1 Kreditwesengesetz (KWG) ist geregelt, welche Unternehmen Kreditinstitute sind[78]. Welche Bankgeschäfte ein Kreditinstitut ausübt, bleibt diesem jedoch selbst überlassen.

Datenzugänglichkeit: Der ausschlaggebende Grund, die Bankenbranche vorzuschlagen, ist die gute Datenzugänglichkeit. Wichtige Daten, die den Geschäftsberichten entnommen werden können, sind beispielhaft (Deutsche Bank) für einige wichtige Variablen in Abbildung 8 dargestellt.

---

[72] Vgl. Verband deutscher Pfandbriefbanken (2010)
[73] Vgl. Duden Wirtschaft von A bis Z: Grundlagenwissen für Schule und Studium, Beruf und Alltag (2009)
[74] Vgl. Bundesverband Deutscher Banken (2010c)
[75] Vgl. Bank Schilling (2010)
[76] Vgl. Handelsblatt (2007)
[77] Vgl. LBBW (2010)
[78] Vgl. Gesetz über das Kreditwesen

Variable	Deutsche Bank
Familieneigentum	0%
Erkennungs-geschwindigkeit, Geschwindigkeit der Anpassung	Suche in Geschäftsberichten nach „direct banking", „Direktbank" und ähnlichen Ausdrücken. Erste Ergebnisse im Geschäftsbericht von 1993 (siehe erster Screenshot)
Intensität der Anpassung	Suche in Geschäftsberichten nach Akquisitionen, Kooperationen, Tochterunternehmen, (Projekten, Publikationen auf Firmenhomepage) etc. in Kombination mit disruptivem Wandel. Im Fall der Deutschen Bank: Bank 24 im Geschäftsbericht von 1995
Familienmitglieder im Management	0
Familienkultur (Anzahl der Generationen)	0
Erfolg der Firma	Jahresüberschuss (siehe zweiter Screenshot): 2.243 Mio. DM im Jahr 1993

Quelle: Deutsche Bank (1994, 1996)

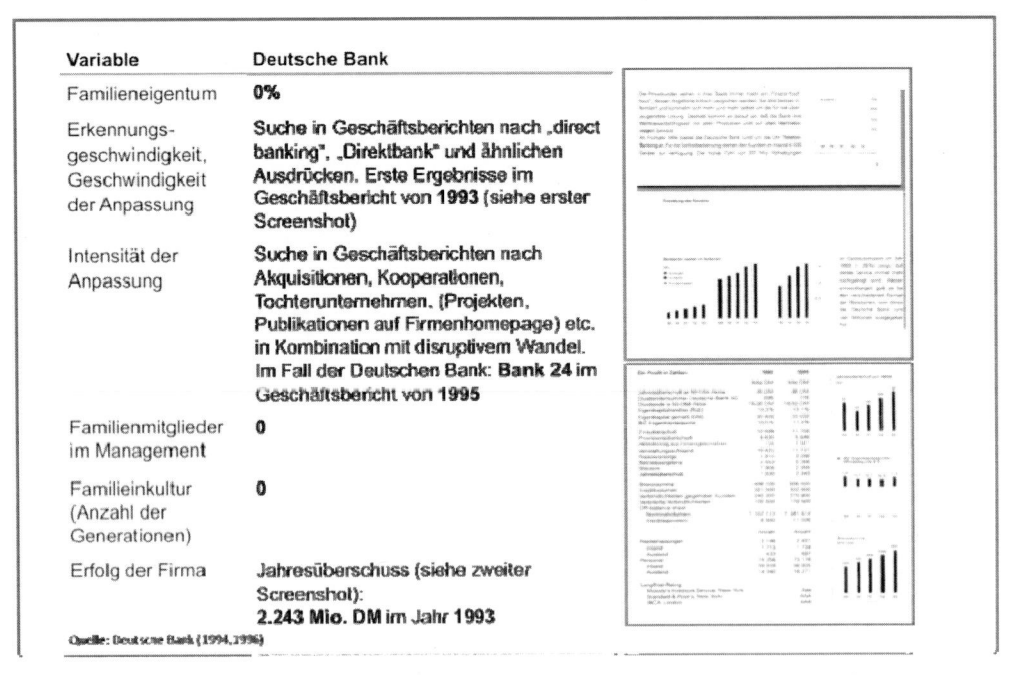

Abbildung 8: Wichtige Variablen für die Deutsche Bank (eigene Darstellung)

Wie oben bereits erwähnt, sind Kreditinstitute veröffentlichungspflichtig, weshalb die Jahresabschlüsse bzw. Geschäftsberichte öffentlich zugänglich sind. Bei Untersuchung der disruptiven Innovation „Direktbank" bzw. „direct banking" sollten die Geschäftsberichte ab ca. 1990 herangezogen werden, um die Auswirkungen gänzlich betrachten zu können. Da als zweite Diskontinuität die Krise 2007 betrachtet werden soll, müssen die Geschäftsberichte ab 1990 bis hin zu den aktuellen (2009 bzw. 2010) betrachtet werden. Auf diese Weise kann auch verhindert werden, dass nicht alle Auswirkungen der ersten Innovation untersucht werden, z.B. durch eine Betrachtung der Geschäftsberichte nur bis 2003. Einige wenige Banken stellen selbst ihre Geschäftsberichte in diesem Zeitraum online zur Verfügung, wie z.B. die Deutsche Bank, die in ihrem Online-Archiv ihre Geschäftsberichte ab ihrem Gründungsjahr 1870 zur Verfügung stellt[79].

Ein öffentliches Archiv mit allen verfügbaren Geschäftsberichten gibt es laut Aussage verschiedener Bankenverbände nicht. Jedoch kann voraussichtlich über Kontakte des Projektteams auf die Geschäftsberichte eines Großteils der Banken zurückgegriffen werden, womit das Kriterium des Datenzugriffes erfüllt ist. Hier wurde zur Überprüfung eine Liste mit 10 eigentümergeführten Banken abgefragt,

---

[79] Vgl. Deutsche Bank (2010)

wobei ca. 70% der Geschäftsberichte verfügbar waren[80]. Mögliche Lücken können durch andere Datenbanken oder Archive geschlossen werden. So bietet z.B. die Staats- und Universitätsbibliothek Bremen ein Archiv mit Geschäftsberichten von Banken, welches allerdings lückenhaft ist, an. Zudem können über das OnlineArchiv des Bundesanzeigers[81] fehlende Jahresabschlüsse – zum Preis von je 21,42 € – gekauft werden[82]. Mögliche andere Datenbanken, die verwendet werden können sind Bankscope und Osiris. Die Datenbank Bankscope deckt allerdings nur die letzten 16 Jahre ab. Osiris dagegen ist besonders dadurch interessant, dass hier auch Firmen enthalten sind, die nicht mehr aktiv sind[83]. Bei diesen Datenbanken müsste zunächst geprüft werden, ob hier bereits ein Zugang für das Projektteam (Universität Erlangen-Nürnberg, Universität Bamberg, IMD Lausanne oder privat) besteht. Zudem kann geprüft werden, ob mögliche Lücken mit der „Thomson One" Datenbank geschlossen werden können. Außerdem wurde die Datenbank Compustat in Erwägung erzogen, jedoch werden hier auch nur börsennotierte Unternehmen (wie bei „Thomson One") abgedeckt[84].

Des Weiteren unterstehen die Banken der Aufsicht durch die Bundesanstalt für Finanzdienstleistungsaufsicht (BaFin). Die Banken müssen zusätzlich zur Veröffentlichung ihrer Jahresabschlusse an die BaFin berichten. Hier müssen sie Jahresabschlüsse, Prüfungsberichte der Wirtschaftsprüfer oder Prüfungsverbände, sowie regelmäßig Kurzbilanzen, aus denen die wichtigsten Bilanz- und Risikopositionen und deren Veränderungen hervorgehen, einreichen. Außerdem müssen einige weitere Daten gemeldet werden, wie z.B. wichtige Veränderungen[85]. Alle Teilnehmer dieses Marktes unterstehen somit den gleichen strengen Regularien. Allerdings darf die BaFin aufgrund der Verschwiegenheitspflicht nach § 9 KWG keine öffentlich zugängliche Datenbank mit diesen Informationen bereitstellen[86] und auch auf Anfrage keine Daten an Externe weitergeben.

Diskontinuierlicher Wandel: Die Bankenbranche ist auch deshalb interessant, da hier relativ häufig disruptive Innovationen auftreten. Somit ist die Branche nicht

---

[80] Diese Liste ist im Anhang in der Präsentation zur Branchenauswahl zu sehen
[81] Zu erreichen auf der Homepage: http://banz.gbi.de/BANZ.ein
[82] Quelle: OnlineArchiv Bundesanzeiger (2010)
[83] Vgl. BVDEP (2010)
[84] Vgl. Compustat (2010)
[85] Vgl. BaFin (2010)
[86] Vgl. Gesetz über das Kreditwesen

erst seit der Wirtschaftskrise im Wandel. Unter anderem ist das Hypothekenbankengeschäft in den USA zu nennen. Hier ist 1975 Charles Schwab als einer der ersten „Discount"-Dienstleister in den Markt eingetreten[87]. Des Weiteren gab es in der Bankenbranche einige weitere disruptive Innovationen und erst einige vorangegange Innovationen schafften die Grundlage für Direktbanken. So sind die Direktbankleistungen, wie sie heute angeboten werden, erst durch Innovationen wie „Telefonbanking", „PC-Banking" und „Onlinebanking" möglich[88]. Somit stellen Direktbanken eine mögliche Ausprägung von „direct banking" dar. Direktbanken bieten ihre Dienstleistungen nicht mehr über ein klassisches Filialnetz, sondern über Telekommunikationswege (Fax, Telefon, PC) und per Post an. Zwar wurden die ersten Direktbanken in Deutschland (Augsburger Aktienbank 1963 und die Allgemeine Deutsche Direktbank 1965) bereits in den 1960er Jahren gegründet[89], allerdings ist diese disruptive Innovation[90] in Deutschland erst ab 1994 mit dem Markteintritt der Santander Direktbank, der Direkt Anlage Bank und ConSors - welche als deutsche Imitationen von US-Direktbanken gegründet wurden - in größerem Umfang aufgetreten[91]. Des Weiteren kann auch die Krise 2007 als Diskontinuität betrachtet werden. Zwar sind hier noch keine Langzeitfolgen erkennbar, allerdings wird dies die Bankenbranche in Deutschland und weltweit drastisch verändern.

4.2.2 Pharma

Aufgrund einiger Faktoren würde sich auch die Pharmabranche in Deutschland ausgezeichnet für die Untersuchung eignen. So müssen Firmen in dieser Branche aufgrund vieler Trends besonders auf disruptive Innovationen achten. Außerdem machen die etablierten Firmen intensiven Gebrauch der „Innovations-Mechanismen"[92], wie z.B. hohe Investitionen in Humankapital[93]. Des Weiteren ist die Branche durch eine hohe Intensität der Ausgaben für Forschung und Entwicklung gekennzeichnet[94]. Die betrachtete Innovation (Biotechnologie) zeichnet sich

---

[87] Vgl. Christensen/Raynor (2003)
[88] Vgl. Charitou/Markides (2003)
[89] Vgl. Neuberger (1997)
[90] Vgl. Charitou/Markides (2003)
[91] Vgl. Neuberger (1997)
[92] Vgl. Rothaermel/Hess (2007)
[93] Vgl. Zucker/Darby (1997 a,b)
[94] Vgl. Rothaermel/Hess (2007)

zudem durch eine sehr hohe Anzahl an Allianzen aus[95]. Darüber hinaus gliedern einige Firmen ihre Forschung und Entwicklungsabteilungen durch Akquisitionen aus[96]. Für die Untersuchung sind Allianzen, Kooperationen und Akquisitionen gerade deshalb von Vorteil, da sie gut beobachtbar sind und an sich alleine schon eine Reaktion auf eine disruptive Innovation darstellen und dadurch Geschwindigkeit und Intensität der Reaktion gemessen werden können. Außerdem könnten gerade in der Pharmabranche Patentanmeldungen oder wissenschaftliche Publikationen herangezogen werden, um die Intensität der Anpassung einer Firma zu messen. Andererseits ist es schwierig, eine Stichprobe für die Pharmabranche zu erstellen. Die US-Pharmabranche eignet sich schon aufgrund fehlender Familienunternehmen nicht für die Untersuchung. Zwar gibt es in Deutschland Familienunternehmen in dieser Branche, wie z.B. Boehringer Ingelheim oder B. Braun Melsungen, der Großteil ist aber sehr klein und stellt kaum Informationen zur Verfügung. In der Pharmabranche spielen auch Konglomerate eine große Rolle. Dies könnte für die Untersuchung dahingehend von Nachteil sein, dass die betrachtete Diskontinuität im Gesamtunternehmen keine große Rolle spielt.

4.2.3 Discount-Einzelhändler

Auch die Branche der Einzelhändler in den USA eignet sich für die Untersuchung der Forschungsfragen. Hier wurde der Eintritt von Discount-Geschäften, insbesondere Wal-Mart, schon häufig untersucht[97]. Hierzu gibt es bereits eine Studie (Khanna/Tice 2000), die einige für das Forschungsprojekt interessante Aspekte beleuchtet, wie z.B. dass Manager eines Marktführers höhere Investitionen riskieren und möglicherweise zu viel investieren, wenn ihre Arbeitsstelle bedroht ist. Eine höhere Beteiligung der Manager an der Firma scheint dieses „Agency"-Problem allerdings zu beheben. Diese Branche wird allerdings nicht für das weitere Vorgehen vorgeschlagen, da es auch hier schwierig ist, eine geeignete Stichprobe zu erstellen und der Datenzugang nicht als gesichert erscheint. Die Studie greift auf Daten der Fachzeitschrift „The Discount Merchandiser" zurück, allerdings kann auf diese Fachzeitschrift online erst ab 1993 zugegriffen werden[98]. Obwohl die Innovation das Kriterium des Zeitraums von 1980 – Anfang 2000 nicht

---

[95] Vgl. Hagedoorn (1993)
[96] Vgl. Higgins/Rodriguez (2006)
[97] Vgl. Khanna/Tice (2000), Basker (2007)
[98] Vgl. Publication Details for „Discount Merchandiser" (2010)

ganz erfüllt, da die Innovation 1975 durch die rapide Expansion von Wal-Mart auftrat, habe ich diese nicht sofort ausgeschlossen, da die Studie von Khanna und Tice diese Industrie zwischen 1975 und 1996 betrachtet und somit Daten verfügbar waren. Allerdings ist nicht ersichtlich, woher die Autoren Zugriff zu dieser Fachzeitschrift hatten. Um zu klären, ob eine Firma zu einer Mutterfirma gehört und ob diese privat oder öffentlich gehandelt wird, haben die Autoren der Studie auf folgende Datenbanken zurückgegriffen: Dun & Bradstreet's Million Dollar Directory, Directory of Corporate Affiliations Who Owns Whom und Wards Business Directory[99].

4.2.4 Automobilzulieferer

Die Automobilzuliefererbranche eignet sich grundsätzlich aufgrund ihrer Diskontinuität (E-Mobilität)[100] auch für die Untersuchung. Hier sollen allerdings die Zulieferer und nicht die Hersteller selbst betrachtet werden, da bei Betrachtung der Hersteller das Problem der unzureichenden Stichprobengröße besteht. Problematisch bei der Betrachtung der E-Mobilität ist allerdings, dass bisher noch keine Langzeitfolgen erkennbar sind und somit das Kriterium des Zeitraums nicht erfüllt ist. Sollte man allerdings trotzdem eine Untersuchung in dieser Branche machen, ist die erste Herausforderung eine geeignete Stichprobe zu schaffen. Mit Schäffler, Voith AG, Knorr-Bremse AG, Bosch, etc. sind einige der Top 40 Familienunternehmen in Deutschland im Automobilbereich tätig, einige auch als AG[101]. Allerdings ist die systematische Stichproben-Erstellung eine Herausforderung. Eine über die Datenbank Hoover kreierte Liste der größten privaten Automobilzulieferer listet bspw. vor allem Niederlassungen außerdeutscher, vor allem amerikanischer Firmen auf, sodass sich diese Liste nicht als Grundlage für eine Untersuchung eignet. Hier müsste eine andere Datenbank oder Quelle, als Hoover gefunden werden, um mithilfe dieser dann eine geeignet Stichprobe erstellen zu können.

---

[99] Vgl. Khanna/Tice (2000)
[100] Vgl. Zohm (2004), Christensen (1997) S. XXVI
[101] Vgl. Univerität Bayreuth (2010)

5 Ausblick

Hier soll kurz auf die weitere Vorgehensweise und vor allem auf mögliche zukünftige Herausforderungen des Forschungsprojektes eingegangen werden.

5.1 Mögliche Herausforderungen

Es kann nicht ausgeschlossen werden, dass die Bankenbranche – aufgrund bisher nicht vorhersagbarer Gründe – doch nicht für die Untersuchung verwendet werden kann. In diesem Fall kann auf die „Short-List" zurückgegriffen werden und überprüft werden, ob alternativ eine der dort aufgeführten Industrien benutzt werden kann. Gegebenenfalls müssen hierzu die Ansprüche an die Industrie für die Untersuchung angepasst werden. Hier wäre z.B. ein kleinerer Stichprobenumfang denkbar. Es muss weiterhin genau geprüft werden, welche Informationen aus den Geschäftsberichten extrahiert werden können und ob gegebenenfalls andere Quellen, wie z.B. Firmenhomepages, herangezogen werden müssen. Nur im Notfall sollten einzelne Unternehmen angeschrieben werden, um eventuell über diesen Weg Zugang zu den Geschäftsberichten zu bekommen. Dies sollte aber möglichst vermieden werden, da erstens das Aufwand-zu-Nutzen-Verhältnis gering ist und es zweitens zu Verzerrungen kommen kann.

Speziell in der Bankenbranche muss auf einiges geachtet werden, um Verzerrungen und andere Fehler wie etwa die Drittvariablenkontrolle zu vermeiden. So könnte es sein, dass Privatbanken einen anderen Kundenkreis („wohlhabendere Kunden") bedienen und dies die Reaktion auf Direktbanken beeinflusst. Andererseits könnte man argumentieren, dass sich wohlhabendere Kunden genauso für die Dienstleistungen einer Direktbank begeistern. Wenn man Direktbanken allerdings als eine mögliche, extreme Ausprägung von „direct banking" sieht, stellt schon der Dienst des „Onlinebanking" eine Reaktion auf die disruptive Innovation dar. So bietet u.a. das Bankhaus Lampe, welches sich im Besitz der Familie Oetker befindet, „Onlinebanking" an[102]. Somit kann das potentielle Problem eines differierenden Kundenkreises bereits entkräftet werden. Für die quantitative Untersuchung müssen also sowohl die Begriffe „Direktbank" und „direct banking" genau definiert werden, um hierdurch mögliche Probleme zu verhindern. Zudem

---

[102] Vgl. Bankhaus Lampe (2010)

sollte darauf geachtet werden, dass die Reaktion der Unternehmen nicht durch sogenannte Herdeneffekte beeinflusst wird. Dies bedeutet, dass ein Unternehmen eine bestimmte Handlung nur ausführt, weil andere Unternehmen im Umfeld dies auch tun[103]. Solche und andere mögliche Verzerrungen sollte man bei der Untersuchung bedenken, um sie somit vermeiden zu können.

5.2 Vorgeschlagene nächste Schritte

Um die Untersuchung durchführen zu können, sollte in einem ersten Schritt eine Liste der Banken, inklusive Eigentümerverhältnisse der Größe nach sortiert, erstellt werden. Dann sollte systematisch erarbeitet werden, welche Banken für die Untersuchung herangezogen werden. Da Privatbanken meist kleiner sind als die Marktführer, muss darauf geachtet werden eine geeignete Stichprobe zu wählen, d.h. in einer hypothetischen Liste der 300 größten Banken sollte ein Bereich gewählt werden, in dem sowohl eigentümergeführte (bzw. sich in Familieneigentum) befindliche Banken, als auch nicht-eigentümergeführte Banken befinden (z.B. die Listenplätze 70-170). Aufgrund der Veröffentlichungspflicht der Banken besteht nur eine geringe Gefahr, dass die Daten kleinerer Banken nicht verfügbar sind. Hier muss allerdings auf mögliche Verzerrungen durch die Firmengröße geachtet werden.

Diese Liste sollte alle Banken ab dem Betrachtungszeitraum (1990) enthalten und nicht etwa nur alle aktuell aktiven Banken, da seit 1990 einige Banken ihr Geschäft aufgegeben haben, wie z.B. die Weserbank, die 2008 von der BaFin geschlossen wurde[104] oder neu gegründet wurden, wie z.B. 1990 die Deutsche Kreditbank[105]. Grundsätzlich stellen Unternehmen, die ihr Geschäft aufgeben, bei Untersuchungen ein Problem bezüglich der Panelmortalität dar. In unserem Fall ist dies allerdings nicht notwendigerweise so, da eine Geschäftsaufgabe gegebenenfalls sogar auf die betrachtete Diskontinuität zurückgeführt werden kann.

Sobald diese Liste der Banken vollständig ist, sollte eine Liste von Stichworten, d.h. Synonymen zu Direktbanken bzw. „direct banking" erstellt werden. Anhand dieser Stichworte sollten die Geschäftsberichte der Banken systematisch durch-

---
[103] Vgl. Weber (2008)
[104] Vgl. BaFin (2008)
[105] Vgl. Deutsche Kreditbank (2010)

sucht werden, um erkennen zu können, wann die Innovation erkannt wurde und wie bzw. zu welchem Zeitpunkt dann darauf reagiert wurde.

Anhang

Privatbankiers in Deutschland (Mitglieder des Bankenverbands)[106]

- **Anton Hafner oHG**
Maximilianstr. 29 86150 Augsburg Telefon (08 21) 3 46 50 - 0 http://www.hafnerbank.de/

- **B. Metzler seel. Sohn & Co. KGaA**
Große Gallusstr. 18 60311 Frankfurt am Main Telefon (0 69) 21 04-0 http://www.metzler.com

- **Bankhaus C. L. Seeliger**
Lange Herzogstr. 63 38300 Wolfenbüttel Telefon (0 53 31) 88 00-0 http://www.seeligerbank.de

- **Bankhaus Carl F. Plump & Co. GmbH & Co. KG**
Am Markt 19 28195 Bremen Telefon (04 21) 36 85-0 http://www.bankhaus-plump.de/

- **Bankhaus Ellwanger & Geiger KG**
Börsenplatz 1 70174 Stuttgart Telefon (07 11) 21 48-0 http://www.privatbank.de

- **Bankhaus J. Faißt oHG**
Hauptstr. 43 - 45 77709 Wolfach Telefon (0 78 34) 9 87-0 http://www.bankhaus-faisst.de/

- **Bankhaus Lampe KG**
Alter Markt 3 33602 Bielefeld Telefon (05 21) 5 82-0 http://www.bankhaus-lampe.de

- **Bankhaus Ludwig Sperrer KG**
Marienplatz 5 - 6 85354 Freising Telefon (0 81 61) 17 60 http://www.sperrer.de

- **Bankhaus Max Flessa KG**
Luitpoldstr. 2 - 6 97421 Schweinfurt Telefon (0 97 21) 5 31-0 http://www.flessabank.de

- **Bankhaus von der Heydt GmbH & Co. KG**
Widenmayerstraße 3 80538 München Telefon (0 89) 20 60 657-0 http://www.bankhaus-vonderheydt.de

- **Bankhaus Wölbern & Co.**
Am Sandtorkai 54 20457 Hamburg Telefon (0 40) 3 76 08-0 http://www.woelbern.de

- **Fürst Fugger Privatbank KG**
Maximilianstr. 38 86150 Augsburg Telefon (08 21) 32 01-0 http://www.fuggerbank.de

- **Gabler-Saliter Bankgeschäft KG**
Marktplatz 10 87634 Obergünzburg Telefon (0 83 72) 7 09-0 http://www.saliterbank.de

- **Goyer & Göppel**
Neuer Wall 9 20354 Hamburg Telefon (0 40) 35 10 88-0 http://www.gobank.de

- **Hanseatic Bank GmbH & Co KG**
Bramfelder Chaussee 101 22177 Hamburg Telefon (0 40) 6 46 03-0
http://www.hanseaticbank.de

- **Hauck & Aufhäuser Privatbankiers KGaA**
Kaiserstr. 24 60311 Frankfurt am Main Telefon (0 69) 21 61-0 http://www.hauck-aufhaeuser.de

- **Joh. Berenberg, Gossler & Co. KG**
Neuer Jungfernstieg 20 20354 Hamburg Telefon (0 40) 35 06 00 http://www.berenberg.de/

---

[106] Bundesverband Deutscher Banken (2010b)

- **M.M.Warburg & CO KGaA**
Ferdinandstr. 75 20095 Hamburg Telefon (0 40) 3 28 20 http://www.mmwarburg.com

- **Max Heinr. Sutor oHG**
Hermannstr. 46 20095 Hamburg Telefon (0 40) 32 01 07-0 http://www.sutorbank.de

- **Merck Finck & Co oHG Privatbankiers**
Pacellistr. 16 80333 München Telefon (0 89) 2 10 40 http://www.merckfinck.de

- **Münsterländische Bank Thie & Co.**
Alter Steinweg 1 48143 Münster Telefon (02 51) 4 84 71-0 http://www.mlb.de/

- **North Channel Bank GmbH & Co. KG**
Bonifaziusturm B (22. Stock) Erthalstraße 1 55118 Mainz Telefon (0 18 03) 002 021 http://northchannelbank.com/

- **Reuschel & Co.**
Maximiliansplatz 13 80333 München Telefon (0 89) 23 95-0 http://www.reuschel.com

- **Sal. Oppenheim jr. & Cie. AG & Co. KGaA**
Unter Sachsenhausen 4 50667 Köln Telefon (02 21) 1 45-01 http://www.oppenheim.de

- **VON ESSEN GmbH & Co. KG Bankgesellschaft**
Huyssenallee 86-88 45128 Essen Telefon (02 01) 81 18-0 http://www.vonessenbank.de/

- **W. Fortmann & Söhne KG**
Lange Str. 12 26122 Oldenburg Telefon (04 41) 2 10 02-0 http://www.fortmann.de

Präsentation zur Branchenauswahl

> **Family Ownership and Organizational Adaptiveness to Discontinuous Change: Choosing an adequate industrial field for a large-number, quantitative analysis**
>
> Nürnberg, 28.09.2010

Philipp Hummel

Friedrich-Alexander-Universität Erlangen-Nürnberg
Lehrstuhl für Unternehmensführung

Family Ownership and Organizational Adaptiveness to Discontinuous Change

Agenda

> **1. Overview: Motivation and results (recommendation and "short-list")**
>
> 1. Detailed methodology
>
> 2. Detailed results ("middle-list" and "long-list")

This thesis was part of the family business project – the goal was to select an appropriate industry field

Situation and complication of the project

Situation

- Project started in April 2010
- Qualitative model building phase ongoing
- Quantitative model testing phase planned for 2011

Complication

- First step for the quantitative analysis is to identify appropriate industry field
- Overall success depends on the quality of the sample
- Initially, there is no such sample and data set available
- The sample needs to fulfill certain criteria

For the quantitative analysis, we recommend using the German banking industry and "direct banking" as the innovation

Summary of the banking industry

1 Recommendation due to
- Relatively good data access (especially access to recent data): Banks are required to publish financial data by German law. Also due to appropriate time of innovation (mid-1990s)
- Large size of industry

3 Potential difficulties
- Find one common database to access data from 1990-2009 to at least 50 banks
- Differences in "customer types" might lead to different reactions of public and private banks

German banking industry

2 Facts
- Ownership structure and sample size:
  - Bundesverband Deutscher Volksbanken und Raiffeisenbanken: 1.156
  - Bundesverband Deutscher Banken: 220 private banks
  - Bundesverband Öffentlicher Banken Deutschlands: 60 member banks
- Disruptivity: Direct banks/ direct banking
- Evidence for disruptive innovation: Chartiou/Markides (2003)

4 Next steps
- Create list of banks in sample
- Look for business reports of all banks at the time of the innovation (1990-2000)

The banking industry is an appropriate industry for quantitative analysis, as several papers show

Author	Journal & Year	Sample (Size/Region)	Variables/Indicators	Data source
Berger et al.	Journal of Financial Economics, 2005	1,131 small banks in the USA	DV: Bank size, IVs: number of branches, bank age etc.*	Federal Reserve's 1993 National Survey of Small Business Finance (NSSBF)
Berger	Journal of Money, Credit and Banking, 2003	14,392 bank in the USA	Gross total assets, Local market Herfindahl index, M&As etc.	Statistics form the Federal Reserve
Bughin	Omega, 2003	115 western European banks	Cost effectiveness, return on assets	McKinsey „E-performance" confidential database and others
Frei et al.	Management Science, 1999	135 US retail banks	Return on assets	Questionnaires, large-sample survey, publicly available sources
Iannotta et al.	Journal of Banking and Finance, 2007	181 large European banks	Degree of ownership concentration, profitability, etc.	Income statement, balance sheet, ownership information, Fitch IBCA/ Bureau van Dijk's BankScope database

* DV: Dependent variable, IV: Independent variable

In an initial test of the availability of annual reports, we checked the availability of 10 privately owned banks in one databank*

○ Very difficult
◔ Difficult
◐ Medium
◕ Good

Name of the bank	Available digitally	Available in hard copy	Not available (from 1990-2009)	Overall availability
B. Metzler seel. Sohn & Co. KGaA	2009	85, 87-91, 93, 95-99, 2001	86, 92, 94, 2000, 2000-2008	◐
Bank Schilling & Co. AG	1995, 1998, 2003-2009	None	90-94, 96, 97, 1999-2002	◔
Bankhaus C.L. Seeliger	None	None	1990-2009	○
Bankhaus Lampe	2006-2009	78-80, 87-94, 1996-2000, 2002	1995, 2001, 2003-2005	◐
Ellwanger & Geiger KG	None	1991, 95, 96, 98-2000	1990, 92-94, 97, 2001-2009	◔
Fürstlich Castell'sche Bank	2005-2009	None	1990-2004	◔
Gabler-Saliter Bankgeschäft KG	None	None	1990-2009	○
Goyer & Göppel	None	None	1990-2009	○
Hauck & Aufhäuser Privatbankiers KGaA	1990-99, 2003-09	87, 89	2000-2002	◐
M.M Warburg & Co KGaA	2000-2009	None	1990-1999	◔

* This initial check only included one single databank, which we accessed through contacts of the project team. We only checked privately owned banks, because we assume that information of public banks is easier to obtain. We also assume that we can gain access to nearly 100% of the reports if using other databanks, such as Bankscope or the archive of the Bundesanzeiger.

The most relevant data is available for the banking industry

◐ Difficult
◐ Medium
◐ Good
● Very good

Type of variable	Name of variable	Indicator	Possible data source	Availability
Independent variable	Family ownership	%age of shares held by one family	Company homepage, annual report	◐
Dependent variable	Attention/Response speed	Word count in annual report from 1990-2009 (e.g. direct bank)	Annual report	◐
	Resource intensity	Mergers and acquisitions	Annual report	◐
		Projects, publications	Company homepages, web search	◐
Moderating variable	Family members in management	%age of management	Company homepage, annual report	◐
Moderating variable	Family culture	Number of generations	Company homepage	◐
Controlling variable	Success of firm	Revenue/Profit/Loss	Annual report	●

Example for necessary information and data set of the Deutsche Bank

Variable	Deutsche Bank
Family ownership	**0%**
Attention, Response speed	Search in annual reports for „direct banking", direct banks and other similar expressions. First results in annual report of **1993** (see first screenshot)
Resource intensity	Search in annual reports for mergers, acquisitions, cooperations, subsidiaries, (projects, publications on company homepage) etc. in combination with disruptive change. In case of Deutsche Bank: **Bank 24** in annual report of **1995**
Family members in management	**0**
Family culture (number of generations)	**0**
Success of firm	Net profit (see second screenshot): **2.243 Mio. DM 1993**

Source: Deutsche Bank (1994, 1996)

To recommend the banking industry, we first had to look at various industries and filter them

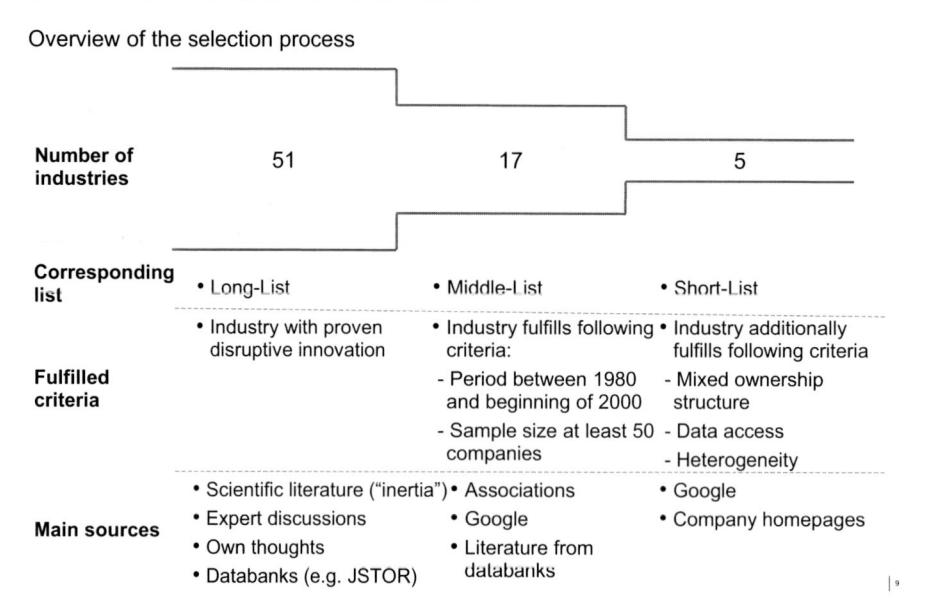

Overview of the selection process

Number of industries	51	17	5
Corresponding list	• Long-List	• Middle-List	• Short-List
Fulfilled criteria	• Industry with proven disruptive innovation	• Industry fulfills following criteria: - Period between 1980 and beginning of 2000 - Sample size at least 50 companies	• Industry additionally fulfills following criteria - Mixed ownership structure - Data access - Heterogeneity
Main sources	• Scientific literature ("inertia") • Expert discussions • Own thoughts • Databanks (e.g. JSTOR)	• Associations • Google • Literature from databanks	• Google • Company homepages

At the end of the filtering process we had 5 discontinuities left and included them in the short-list

◐ Medium
☐ Recommendation

Overview of final industries part I

		Sample size	Citations		Vision
Automobile suppliers (Germany)	E-mobility	Sufficient, 29% family owned*	Zohm (2004). Christensen (1997)	◐	Only short-term impact
Banking (Germany)	Crisis 2007 (only short-term impact)	Sufficient, mixed ownership structure**	None found	◐	None (examine short-term impact)
Banking (Germany)	Direct banks	Sufficient, mixed ownership structure**	Neuberger (1997)***	◐	None

* Source: Alvarez & Marsal 2009. 225 firms in segment >100 Mio € revenue, revenue only 14% in area 500-"000 Mio €
** Sources: Different banking associations
*** Although not a quantitative study this paper takes a close look at direct banking

At the end of the filtering process we had 5 discontinuities left and included them in the short-list

◐ Difficult

Overview of final industries part II

Industry	Discontinuity	Sample Size/Ownership	(Quantitative) Studies/ Articles	Data Access	Reason for dismissal
Pharma (Germany)	Biotechnology	BPI*: 878 members, 2/3 owner-led	BPI (2009)	◐	Borderline of industry too difficult to define
Retail (USA)	Discount retailer	Sufficient; ca. 28% privately owned**	Khanna/Tice (2000)	◐	Borderline of industry too difficult to define, data access not sufficient

* Bundesverband der Deutschen Pharmazeutischen Industrie
** In study by Khanna/Tice 69 chains owned by 76 firms. 21 firms were privately owned during the whole study

Family Ownership and Organizational Adaptiveness to Discontinuous Change

Agenda

1. Overview: Motivation and results (recommendation and "short-list")

1. Detailed methodology

2. Detailed results ("middle-list" and "long-list")

XIII

At first, we looked at numerous industries to create the long-list and then dismissed not suitable ones

First steps to create the list of industries

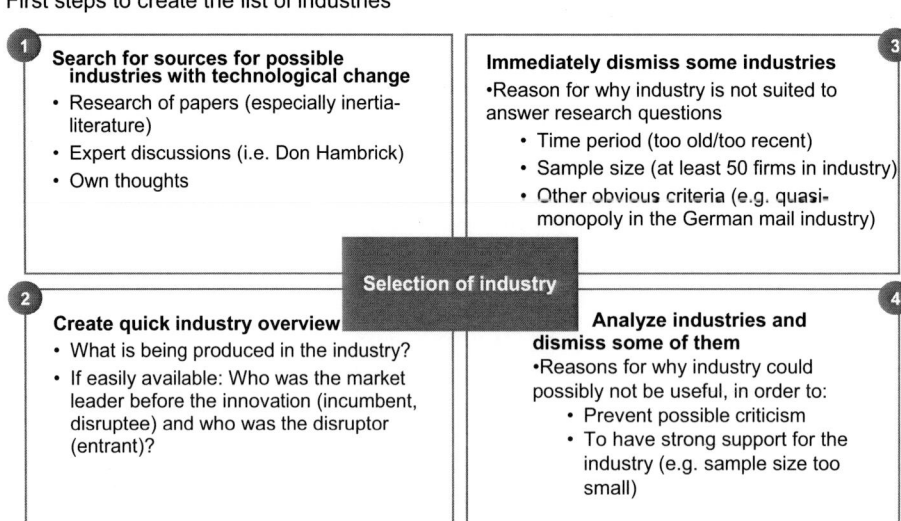

1. Search for sources for possible industries with technological change
- Research of papers (especially inertia-literature)
- Expert discussions (i.e. Don Hambrick)
- Own thoughts

3. Immediately dismiss some industries
- Reason for why industry is not suited to answer research questions
    - Time period (too old/too recent)
    - Sample size (at least 50 firms in industry)
    - Other obvious criteria (e.g. quasi-monopoly in the German mail industry)

Selection of industry

2. Create quick industry overview
- What is being produced in the industry?
- If easily available: Who was the market leader before the innovation (incumbent, disruptee) and who was the disruptor (entrant)?

4. Analyze industries and dismiss some of them
- Reasons for why industry could possibly not be useful, in order to:
    - Prevent possible criticism
    - To have strong support for the industry (e.g. sample size too small)

During the evaluation process we used different criteria to filter the industries from the "long-list" in order to create the "middle"- and finally the "short-list"

Used criteria

Disruptive innovation	Sample Size	Family Ownership	Ownership structure and heterogeneity	Data access
• Is there a disruptive innovation? (Christensen/Raynor, 2003) • Did the innovation occur in recent history? (Rothaermel/Hess, 2007) • Was the innovation examined by other authors, i.e. are there statistics, studies, papers etc.?	• How many firms are in the industry? (Backhaus et al., 2006) • In order to be able to conduct a study the sample size should be between 50-100, i.e. the industry needs to have a minimum of 50 comparable firms (Khanna/Tice, 2000)	• Are there family-firms in the industry? (Gómez-Mejía et al., 2001)	• How many firms are privately owned? (Khanna/Tice, 2000) • Heterogeneity: Is the market of the industry heterogeneous or are there few incumbents which control the market?	• How easy/hard is it to get information about the firms (e.g. financial data)? (Anderson/Tushman, 1990)

Family Ownership and Organizational Adaptiveness to Discontinuous Change

Agenda

1. Overview: Motivation and results (recommendation and "short-list")

1. Detailed methodology

2. **Detailed results ("middle-list" and "long-list")**

The "long-list" contains all the 51 industries we looked at during the whole process

Part I

Industry	Technological change	Reason for dismissal
Airline	No-frills airline	No family businesses
Auctioneer/ Retailer	eBay	Borderline of industry too difficult to define
Automobile supplier (Germany)**	E-Mobility	Only short-term impact observable
Banking	Discontinuation of bank secrecy law in Switzerland	Too recent
Banking	Midsize banking (USA)	Innovation not discontinuous
Banking	Mortgage banking	Borderline of industry difficult to define
Banking (UK)*	Direct banking	No information about private banks found
Banking (Germany)**	Crisis 2007 (only short-term impact)	None
Banking (Germany)**	Direct banks	None
Bookselling*	Online bookselling	Data access too difficult

* Industries from "middle-list"
** Industries from "short-list"

The "long-list" contains all the 51 industries we looked at during the whole process

Part II

Industry	Technological change	Reason for dismissal
Broker*	Discount broker	Borderline of industry too difficult to define
Cash register	Electronic cash register	Too old
Coffee*	Nespresso	Data access too difficult
Coffee*	Coffee houses	Data access too difficult
Communication	Cell/Smart phone	Continuous evolution
Computer	Minicomputer	Too old
Copy machine	Home copiers	Too old
Cotton	DuPont synthetic fiber	Too old
Dental	CAD/CAM technology	Too specific
Education	Community college	No family businesses

* Industries from "middle-list"
** Industries from "short-list"

The "long-list" contains all the 51 industries we looked at during the whole process

Part III

Industry	Technological change	Reason for dismissal
Electronics and software	e.g. open source	Borderline of industry too difficult to define
Energy	Smart metering	Too recent
Grocery	Packaging (e.g. packaged ham)	Too old
Hard drive*	3,5"/5,25" hard drive	Sample size too small
Mail (Germany)	E-Mail	Quasi-monopoly
Media/Newspaper*	Online media	Data access too difficult
Medical	Retail medical clinic	Too recent
Medicine (X-Ray)	Ultrasonic/ Computer-assisted tomography	Too old
Milk	Longer durable milk	Too recent
Movie/Music	Blue-Ray/DVD/CD	Sample size too small

* Industries from "middle-list"
** Industries from "short-list"

The "long-list" contains all the 51 industries we looked at during the whole process

Part IV

Industry	Technological change	Reason for dismissal
Music*	Digital music	Few labels control the market
Payment	E-Payment	Not concerning main products
PC*	Direct selling	Sample size not sufficient
Pharma (Germany)**	Biotechnology	Borderline of industry difficult to define
Pharma (USA)	Biotechnology	No family firms
Pharmacy (Germany)*	Discount-/Internet-Pharmacies	Data access too difficult/ Market not heterogeneous
Photo lithography	Stepper technology	Too specific/small sample size
Photography*	Digital photography	Sample size not sufficient
Printer	Ink-Jet printer	Too old
Processor	Microprocessor	Too old
Restaurant*	Restaurant chain (Fast casual)	Data access too difficult

* Industries from "middle-list"
** Industries from "short-list"

The "long-list" contains all the 51 industries we looked at during the whole process

Part V

Industry	Technological change	Reason for dismissal
Retail (USA)**	Discount retailer	Borderline of industry too difficult to define
Retailer	Online retailer	Borderline of industry too difficult to define
Semiconductor	New substrate material	Too specific/small sample size
Supermarket	No-frills supermarket	Too old
Television	HDTV	Continuous evolution
Tires	Radial ply tire	Too old
Toys	Electrification (video games)	Sample size too small
Transportation	Railroad	Too old
Typewriter	Electronic typewriter/PC	Too old
Watch	Digital watch	Too old

* Industries from "middle-list"
** Industries from "short-list"

Backup

Philipp Hummel

Friedrich-Alexander-Universität Erlangen-Nürnberg
Lehrstuhl für Unternehmensführung

We based our final recommendation of the banking industry upon the accessibility of data of the companies

Further aspects of data access

Required information

When was change realized?

When did the firm react to the technological change

How did the firm react to the technological change?

Other data, such as:

- Management influence, age of the CEO, family members on the board, ownership share of the family etc.

(Control variables)

Final recommendation for industry

Quellenverzeichnis

Literaturverzeichnis

Alvarez & Marsal (2009) Mitteilung für die Medien: Deutsche Automobilzulieferer bis 2011 in tiefer Krise – aktuelle A&M Studie bei Unternehmen ab 100 Mio EUR Umsatz, 2009.

Anderson P., Tushman M. (1990) Technological Discontinuities and Dominant Designs: A Cyclical Model of Technological Change, in: Administrative Science Quarterly, Vol. 35, No. 4, 1990, S. 604-633.

Arregle J., Hitt M., Sirmon D., Very P. (2007) The Development of Organizational Social Capital: Attributes of Family Firms, in: Journal of Management Studies, Jg. 2007, Vol. 44, No. 1, S. 73-95.

Backhaus K., Erichson B., Plinke W., & Weiber R. (2006) Multivariate Analysemethoden. Eine anwendungsorientierte Einführung (11. Edition). Berlin, Springer, 2006.

Barr P., Stimpert J., Huff A. (1992) Cognitive Change, Strategic Action, and Organizational Renewal, in: Strategic Management Journal, Vol. 13, Special Issue: Strategy Process: Managing Corporate Self-Renewal, 1992, S. 15-36.

Basker E. (2007) The Causes and Consequences of Wal-Mart's Growth, in: The Journal of Economic Perspectives, Vol. 21, Nr. 3, 2007, S. 177-198.

Berger A. (2003) The Economic Effects of Technological Progress: Evidence from the Banking Industry, in: Journal of Money, Credit and Banking, Vol. 35, Nr. 2, 2003, S. 141-176.

Berger A., Miller N., Petersen M., Rajan R., Stein J. (2005) Does function follow organizational form? Evidence from the lending practices of large and small banks, in: Journal of Financial Economics, Vol. 76, 2005, S. 237-269.

Berger R. (2008) Pioniergeist, Innovationsfähigkeit und Flexibilität – Wie sich Familienunternehmen neu erfinden, in: Internationale Familienunternehmen: Recht, Steuern, Bilanzierung, Finanzierung, Nachfolge, Strategie., Hrsg. Rödl, C. H., Scheffler, W., Winter, M., München 2008, S. 1-14.

Bockmühl S. (2007) Adaptionsverhalten etablierter Unternehmen bei technologischen Diskontinuitäten, in: Schriftenreihe des Instituts für Unternehmensplanung, 2007, Band 45.

BPI - Bundesverband der Pharmazeutischen Industrie e.V. (2009) Pharma-Daten, 2009.

Bughin J. (2003) „Attack or convert?": early evidence from European on-line banking, in: Omega, Vol 32., 2004, S. 1-7.

Bundesverband Deutscher Banken (2008) Anzahl der Beschäftigten im Bankgewerbe, Statistik-Service Geschäftsentwicklung, 2008.

Charitou C., Markides C. (2003) Responses to Disruptive Strategic Innovation, in: MIT Sloan Management Review, Winter 2003, S. 55-63.

Christensen C. (1997) The Innovator's Dilemma: When Technologies Cause Great Firms to Fail, Harvard Business School Press, Boston, 1997.

Christensen C., Raynor M. (2003) The Innovator's Solution: Creating and Sustaining Succesfull Growth, Harvard Business Press, Boston 2003.

Clement M., Schusser O. (Hrsg.) (2005) Ökonomie der Musikindustrie, Deutscher Universitäts-Verlag/GWV Fachverlage GmbH, 1. Auflage, Wiesbaden, 2005.

Deutsche Bank (1994) Geschäftsbericht 1993, Frankfurt am Main, 1994.

Deutsche Bank (1996) Geschäftsbericht 1995, Frankfurt am Main, 1996.

Deutsche Bundesbank (2010) Monatsbericht Juli 2010, 62. Jg., Nr. 7, 2010, S.22*.

Diekmann A. (2008) Empirische Sozialforschung: Grundlagen, Methoden, Anwendungen, rowohlts enzyklopädie im Rowohlt Taschenbuchverlag, Reinbek bei Hamburg, 19. Auflage, Kapitel II und VII, 2008.

Duden Wirtschaft von A bis Z: Grundlagenwissen für Schule und Studium, Beruf und Alltag (2009) Privatbankiers, 4. Aufl., Mannheim, Bibliographisches Institut, 2009, Lizenzausgabe Bonn, Bundeszentrale für politische Bildung, 2009.

Europäische Kommission Generaldirektion Unternehmen und Industrie (2009) Abschlussbericht der Sachverständigengruppe: Überblick über relevante Themen für Familienunternehmen: Forschung, Netzwerke, politische Maßnahmen und bestehende Studien, 2009.

Ferchau, F. (2007) Markante Merkmale - Vorteile familiengeführter Unternehmen, in: Unternehmermagazin, Jg. 2007, S. 20-21.

Frei F., Kalakota R., Leone A., Marx L. (1999) Process Variation As a Determinant of Bank Performance: Evidence from the Retail Banking Study, in: Management Science, Vol. 45, Nr. 9, 1999, S. 1210-1220.

Gesetz über das Kreditwesen (Kreditwesengesetz – KWG) vom 01.07.1985, Neufassung vom 09.09.1998 BGBl. I S. 2776, zuletzt geändert durch Gesetz vom 21.07.2010 BGBl. I S. 950.

Gilbert C. (2005) Unbundling the Structure of Inertia: Resource versus Routine Rigidity, in: Academy of Management Journal, Jg. 2005, Vol. 48, No. 5, S. 741-763.

Gómez-Mejía L., Nuñez-Nickel M., Gutierrez I. (2001) The Role of Family Ties in Agency Contracts, in: Academy of Management Journal, Jg. 2001, Vol. 44, No. 1, S. 81-95.

Gómez-Mejía L., Takács Haynes K., Nuñez-Nickel M., Jacobson K., Moyano-Fuentes J. (2007) Socioemotional Wealth and Business Risks in Family-controlled Firms: Evidence from Spanish Olive Oil Mills, in: Administrative Science Quarterly, Jg. 2007, Vol. 52, S. 106-137.

Hagedoorn, J. (1993) Understanding the rationale of strategic technology partnering: Interorganizational modes of cooperation and sectoral differences, in: Strategic Management Journal, Vol. 14, S. 371–385.

Handelsgesetzbuch vom 10. Mai 1987, zuletzt geändert durch Gesetz vom 31.07.2009 BGBl. I S. 2512.

Handelsblatt Veranstaltungen (2009) Newsletter 2/2009, Banken, 14. Handelsblatt Jahrestagung „Banken im Umbruch", 2009.

Haucap J., Kühling J. (2007) Aufhebung des Postmonopols – darf Deutschland nicht besser sein als der EG-Durchschnitt?, in: Europäisches Wirtschafts- und Steuerrecht, Nr. 8, 2007, S. 1.

Harris L., Ogbonna E. (2007) Ownership and Control in Closely-held Family-owned Firms: An Exploration of Strategic and Operational Control, in: British Journal of Management , Jg. 2007, Vol. 18, S. 5-26.

Higgins M., Rodriguez D. (2006) The outsourcing of R&D through acquisition in the pharmaceutical industry, in: Journal Financial Economics, Vol. 80, S. 351-383.

Iannotta G., Nocera G., Sironi A. (2006) Ownership Structure, Risk and Performance in the European Banking Industry, in: Journal of Banking and Finance, Vol. 31, 2007, 2127-2149.

Inderst R., Haucap J. (2007) Der Post-Skandal: Warum das Kartellamt Mindestlöhne verhindern sollte, Handelsblatt, 2007.

Kaplan, S., Henderson, R. M. (2005): Inertia and incentives: Bridging organizational economics and organizational theory, in: Organization Science, Jg. 2005, Vol. 16, S. 509-521.

Kaplan S., Murray F., Henderson R. (2003) Discontinuities and senior management: assessing the role of recognition in pharmaceutical firm response to biotechnology, in: Industrial and Corporate Change, Vol. 12, No. 4, S. 203-233.

Khanna N., Tice S. (2000) Strategic Responses of Incumbents to New Entry: The Effect of Ownership Structure, Capital Structure, and Focus, in: The Review of Financial Studies, Vol. 13, No. 3, 2000, S. 749-779.

König A. (2009) Cognitive Framing and Incumbent Inertia in Response to Technological Discontinuities, in: Schriftenreihe des Instituts für Unternehmensplanung, 2009, Band 48.

Kuck H. (2009) Die 100 grössten deutschen Kreditinstitute, in: Die Bank, Aug. 2009, S.28-29.

Klein S. (2008) Internationale Familienunternehmen — Definition und Selbstbild, in: Internationale Familienunternehmen: Recht, Steuern, Bilanzierung, Finanzierung, Nachfolge, Strategie., Hrsg. Rödl, C. H., Scheffler, W., Winter, M., München 2008, S. 1-14.

Le Breton-Miller I., Miller D. (2009) Agency vs. Stewardship in Public Family Firms: A Social Embededdness Reconciliation, in: Entrepreneurship Theory & Practice, November 2009, S. 1169-1191.

Lubatkin M., Ling Y., Schulze W. (2007) An Organizational Justice-Based View of Self-Control and Agency Costs in Family Firms, in: Journal of Management Studies, Jg. 2007, Vol. 44, No. 6, S. 955-971.

Miller D., Le Breton-Miller I. (2005): Managing for the long run: Lessons in competitive advantage from great family business, Boston, 2005.

Miller D., Le Breton-Miller I., Lester R., Cannella Jr. A. (2007) Are family firms really superior performers?, in: Journal of Corporate Finance, Jg. 2007, Vol. 13, S. 829-858.

Miller D., Le Breton-Miller I., Scholnick B. (2008) Stewardship vs. Stagnation: An Empirical Comparison of Small Family and Non-Family Businesses, in: Journal of Management Studies, Jg. 2008, Vol. 45, No. 1, S. 51-78.

Miller D., Lee J., Chang S., Le Breton-Miller I. (2009) Filling the institutional void: The social behavior and performance of family vs non-family technology firms in emerging markets, in: Journal of International Business Studies, Jg. 2009, Vol. 40, S. 802-817.

Miller D., Le Breton-Miller I., Lester R. (2010) Family ownership and acquisition behavior in publicly-traded companies, in: Strategic Management Journal, Jg. 2010, Vol. 31, S. 201-223.

Neuberger D. (1997) Direct Banking - A Demand Pull and Technology Push Innovation, in: Thünen-Reihe Angewandter Volkswirtschaftstheorie, Working Paper No. 5, 1997.

Publikations-Plattform o.V. (2010) Offenlegung von Abschlussunterlagen, Bundesanzeiger Verlagsgesellschaft mbH, Köln, 2010.

Sachverständigenrat (2005) Auszug aus dem Jahresgutachten 2004/05: Das deutsche Bankensystem: Befunde und Perspektiven, 2005, S. 274.

Schulze W., Lubatkin M., Dino R., Buchholtz A. (2001) Agency Relationships in Family Firms: Theory and Evidence, in: Organization Science, Vol. 12, No. 2, S. 99-116.

Schumpeter J. (1942) Capitalism, Socialism and Democracy, Harper & Brothers, New York, 1942.

Stiftung Familienunternehmen: Die volkswirtschaftliche Bedeutung der Familienunternehmen, Stuttgart (2009).

Weber J. (Hrsg.) (2008) Das Advanced-Controlling-Handbuch Volume 2 – Richtungsweisende Konzepte, Steuerungssysteme und Instrumente, Wiley-VCH Verlag, Weinheim, 2008, S. 198.

Zohm F. (2004) Management von Diskontinuitäten – Das Beispiel der Mechatronik in der Automobilzuliefererindustrie, Deutscher Universitäts-Verlag/GWV Fachverlage GmbH, Wiesbaden, 2004.

Zucker L., Darby M. (1997a) Present at the biotechnological revolution: Transformation of technological identity for a large incumbent pharmaceutical firm, in: Research Policy Vol. 26, S. 429-446.

Zucker L., Darby, M. (1997b) Individual action and the demand for institutions: Star scientists and institutional transformation, in: American Behavioral Scientist. Vol. 40, S. 502-513.

Verzeichnis der Internetquellen

BaFin – Bundesanstalt für Finanzdienstleistungsaufsicht (2008) BaFin ordnet Moratorium über die Weserbank AG, Bremerhaven, an, http://www.bafin.de/cln_179/nn_722758/SharedDocs/Mitteilungen/DE/Service/PM__2008/pm__080408__weserbank.html, abgerufen am 02.09.10.

BaFin – Bundesanstalt für Finanzdienstleistungsaufsicht (2010) Anzeige- und Meldepflichten, http://www.bafin.de/DE/Unternehmen/BankenFinanzdienstleister/ AnzeigeMeldepflichten/anzeigemeldepflichten__node.html?__nnn=true, abgerufen am 02.09.2010.

Bankhaus Lampe (2010) Herzlich willkommen beim Bankhaus Lampe, https://www.bankhaus-lampe.de/de/index.html, abgerufen am 16.09.10.

Bank Schilling (2010) http://www.bankschilling.de/sites/gensite.asp?SID=cms 270820101052512863733&Art=032&C=1, abgerufen am 27.08.10.

Bundesverband Deutscher Banken (2010a) Mitglieder, http://www.bankenverband.de/bundesverband-deutscher-banken/mitglieder, abgerufen am 27.08.10.

Bundesverband Deutscher Banken (2010b) Privatbankiers, http://www.bankenverband.de/bundesverband-deutscher-banken/banken/index_html/@@result?c=Privatbankiers, abgerufen am 05.09.10.

Bundesverband Deutscher Banken (2010c) Regionalbanken, http://www.bankenverband.de/bundesverband-deutscher-banken/banken/index_html/@@result?c=Regionalbanken, abgerufen am 05.09.10.

Bundesverband Öffentlicher Banken Deutschlands (2010) Über Uns, http://www.voeb.de/de/ueber_uns/, abgerufen am 27.8.10.

Bundesverband der Deutschen Volksbanken und Raiffeisenbanken (2010) Finanzverbund – Alles aus einer Hand, http://www.bvr.de/public.nsf/index.html?ReadForm&main=3, abgerufen am 27.08.10.

BVDEP (2010) Firmendaten - international http://www.bvdep.com/de/ Company%20data%20-%20international.html, abgerufen am 03.09.10.

Compustat (2010) Compustat Data Sets, http://www.compustat.com/ compustat_data_sets/, abgerufen am 03.09.10.

Deutsche Bank (2010) Geschäftsberichte, http://www.bankgeschichte.de/02_05.html, abgerufen am 27.08.10.

Deutsche Kreditbank (2010) Über Uns – Kurzporträt der DKB, http://www.dkb.de/ ueber_uns/, abgerufen am 02.0910.

Deutsche Sparkassen- und Giroverband (2009) Aufgaben und Ziele: Interessensvertreter der Sparkassen-Finanzgruppe, http://www.dsgv.de/de/ueber-uns/dsgv-portraet/dsgv-aufgaben-und-ziele.html, abgerufen am 27.8.10, 2009.

Handelsblatt (2007) Eine Frage der Ehre – Karl G. Schmidt geht in Revision, http://www.handelsblatt.com/unternehmen/_b=1312993,_p=5,_t=ftprint,doc_page=0;printpage, abgerufen am 06.09.10., 2007.

LBBW (2010) LBBW-Konzern – Partner für alle Kunden, http://lbbw.de/lbbwde/1000000341-de.html, abgerufen am 27.8.2010.

OnlineArchiv Bundesanzeiger (2010) Konditionen und Preise, http://banz.gbi.de/angebot/konditionen.htm?WID=97022-0480570-22799_4, abgerufen am 03.09.10.

Publication Details for „Discount Merchandiser" (2010), http://web.ebscohost.com/ehost/detail?vid=7&hid=11&sid=d899db99-4505-42ab-8598-837f4fd7a354%40sessionmgr4&bdata=JnNpdGU9ZWhvc3QtbGl2ZQ%3d%3d#db=bth&jid=DSM, abgerufen am 05.09.10.

TU Chemnitz (2007) Pressemitteilung vom 24.09.2007 – Lehren aus der Bankenkrise, http://www.tu-chemnitz.de/tu/presse/2007/09.24-10.37.html, abgerufen am 03.09.10.

Universität Bayreuth (2010) Familien-Unternehmen, http://www.uni-bayreuth.de/ studierende/career-service/career-service-protzner/praktikantenservice/Familien-Unternehmen/index.html, abgerufen am 02.09.10.

Verband deutscher Pfandbriefbanken (2010) Der Verband, http://www.pfandbrief.de/cms/_internet.nsf/tindex/de_90.htm, abgerufen am 27.08.10.